méthode de français

ADO

2

A. Monnerie-Goarin
Y. Dayez
É. Siréjols
V. Le Dreff

CLE
INTERNATIONAL

Édition : Marie-Christine Couet-Lannes
Conception graphique, mise en page : Laurence Durandau
Couverture : Laurence Durandau
Illustrations : Christian Denayer
                Dominique Boll
                Laurent Audouin
BD :
Scénarios BD : Antoine Piwnick
" Les voyages d'Eric ", Bédu, p. 32-33
" Laure, championne de bobsleigh ", Christian Peultier, p. 56-57
" Madame Mirza ", Christian Goux, p. 80-81
" Le régime de Vincent ", Violette Le Quéré, p. 104-105
Cartographie : Joe Cady
Recherche iconographique : Nadine Gudimart
Conseil artistique : Catherine Tasseau
Fabrication : Patrice Garnier

© CLE International / VUEF - 2001
© CLE International, Paris 1999, ISBN 209-033974-8

Introduction

➤ Public

ADO 2 s'adresse à des apprenants de 14-15 ans qui ont déjà utilisé **ADO 1.**

➤ Objectifs

Ce matériel permet de compléter et de consolider les connaissances minimales exigées pour l'accès à l'unité A1 du **DELF** et d'aborder les connaissances utiles pour l'unité A2.

➤ Contenus

Tout en tenant compte des intérêts des adolescents, la méthode aborde des thèmes de société. Ceux-ci sont insérés le plus possible dans leur univers : écologie, mode de vie, spectacles, vie affective, solidarité, santé...

➤ Rythme

ADO 2 s'inscrivant dans le prolongement de **ADO 1**, la structure reste la même :
12 dossiers comprenant chacun 3 leçons, dont la dernière à vocation plus civilisationnelle.
Les deux premières leçons sont découpées chacune en trois parties :

- Les supports : un dialogue et un texte comme support introductif ;
- « On s'entraîne » : exercices et activités de réemploi ;
- « À vous » : mise en pratique plus libre des compétences travaillées mais, à la différence du niveau 1, des tableaux lexicaux apparaissent, pour donner à l'apprenant une plus grande liberté dans la production.

➤ Tous les trois dossiers :

- un bilan permet de vérifier les acquis ;
- une BD remet en situation ces éléments ;
- un projet – rédiger un guide touristique pour adolescents – permet l'appropriation des savoirs.

➤ Phonétique

Les grandes oppositions phonétiques ayant été travaillées au niveau 1, l'attention est à ce niveau focalisée sur la reconnaissance des intonations affectives : impatience, tristesse, etc.

La mascotte est toujours présente : ici, Alix et Julie. Des dessins humoristiques apparaissent également. Tout en apportant une note légère, ils servent de support à l'expression orale.

Sommaire

tableau des contenus

thématique	leçon	support	grammaire	thèmes et lexique	communication
Unité 1	1	Partir	• les prépositions avec les noms de pays ou de régions • l'accord de l'adjectif (rappel)	• petit lexique géographique	• exprimer l'enthousiasme et l'admiration • présenter un pays (de manière élogieuse ou « publicitaire »)
Changer de lieu	2	Changer de ville	• ne... que • la distance : à 200 km, à 2 heures de voiture	• Paris (généralités) • lecture, dessin	• exprimer la joie, la satisfaction, le mécontentement, la déception
	3	D'un pays à l'autre		• voyager en train • faire un reportage	• s'orienter dans une gare, comprendre des annonces
	4	Rue Mouffetard	• l'imparfait • à, en, dans, sur + noms de lieux	• quartier, commerces	• exprimer un goût, une préférence (compléments) • comparer un état dans le passé et le présent
Vivre à Paris	5	Nostalgie	• le relatif où	• logement	• décrire un appartement • exprimer la tristesse ou le regret • conclure une lettre amicale
	6	Vivre en ville		• métro et RER • vie de quartier	• s'orienter dans les transports en commun
	7	De nouvelles copines ?	• le relatif que • l'accord du participe passé avec avoir	• relations : disputes, réconciliations, fidélité…	• accueillir, souhaiter la bienvenue
Amitié et relations	8	Bienvenue au club !	• le pronom démonstratif	• clubs, activités, hobbies	• faire une proposition, une suggestion • exprimer l'ennui, le désintérêt, le dégoût
	9	Des amis dans le monde entier		• correspondants	• correspondre en français : prendre contact, parler de soi et de ses goûts, proposer un échange • exprimer l'impatience

BD, p. 32 • Bilan, p. 34 • Projet, p. 36

thématique	leçon	support	grammaire	thèmes et lexique	communication
Unité 2	10	Meilleurs vœux	• le futur simple • la proposition complétive après dire, penser, croire…	• vœux	• formuler un souhait ou des vœux • rapporter les paroles de quelqu'un (au présent)
Vœux et fêtes	11	Horoscope	• le futur simple (suite) • les compléments de temps au futur • si + présent	• horoscope, prévisions, conseils	• exprimer une hypothèse dans le futur • avertir, mettre en garde
	12	C'est la fête !		• fêtes, usages, coutumes	• décrire et comparer des traditions, des coutumes
	13	Partir aux sports d'hiver	• depuis, pendant, il y a	• le temps qu'il fait	• exprimer le refus • comprendre un bulletin météo
En voiture	14	Sur la route	• le passé composé et l'imparfait dans le récit • le conditionnel présent	• route, circulation	• formuler une proposition polie • raconter au passé

tableau des contenus

thématique	leçon	support	grammaire	thèmes et lexique	communication
	27	Romans d'amour		• amour et littérature	• imaginer et raconter la fin d'une histoire

BD, p. 80 • Bilan, p. 82 • Projet, p. 84

thématique	leçon	support	grammaire	thèmes et lexique	communication
Unité 4	28	Qu'est-ce qu'on regarde ?	• le plus-que-parfait • l'expression de la cause (1)	• violence et spectacles • types de films	• exprimer la cause • raconter et caractériser un film • lire un programme de télévision
	29	Comme à la télé...	• l'expression de la cause (2) • la concordance des temps (2)	• télévision et faits divers	• le récit au passé (suite)
	30	Non à la violence !		• violence, société, lycée (l'opinion des lycéens)	• comparer des opinions et des idées
Solidarité	31	Aider à vivre mieux	• le but : *pour* + infinitif, *pour que* + subjonctif • les formes verbales et les formes nominales • le subjonctif du verbe *pouvoir*	• précarité, collectes, aide sociale	• comprendre un prospectus, un communiqué • exprimer l'intention, le but
	32	Vocation...	• l'interrogation indirecte • antériorité et postériorité • l'infinitif passé	• études et carrières sociales	• s'informer sur un métier • participer à un entretien
	33	Solidarité		• actions de solidarité (individuelles et collectives)	• lire un article de journal • exprimer une opinion personnelle
L'avenir	34	Une idée géniale	• l'hypothèse dans le futur (rappel) • le pronom d'insistance : *moi-même, toi-même...*	• découvertes, inventions	• évoquer et décrire un projet
	35	Les gens changent	• l'hypothèse : *si* + imparfait / conditionnel	• métiers	• imaginer l'avenir, faire des hypothèses
	36	L'avenir est à nous !		• expériences, initiatives, petits métiers	• faire des hypothèses (suite)

BD, p. 104 • Bilan, p. 106 • Projet, p. 108

· Saluer et ...

vous présenter

Moi, je m'appelle Alix.

Et moi, Julie !

Que disent-ils ?

vous excuser

RAPPELEZ-VOUS
les pronoms sujets :
je...

· Demander un objet.

Je voudrais un coca s'il vous plaît.

RAPPELEZ-VOUS
les articles :
un... / le... /

Et vous, qu'est-ce que vous commandez dans un café ?

· Demander votre chemin.

Expliquer un itinéraire.

RAPPELEZ-VOUS
les articles contractés :
aux, à la...

Que disent-ils ?

2• Vous décrivez

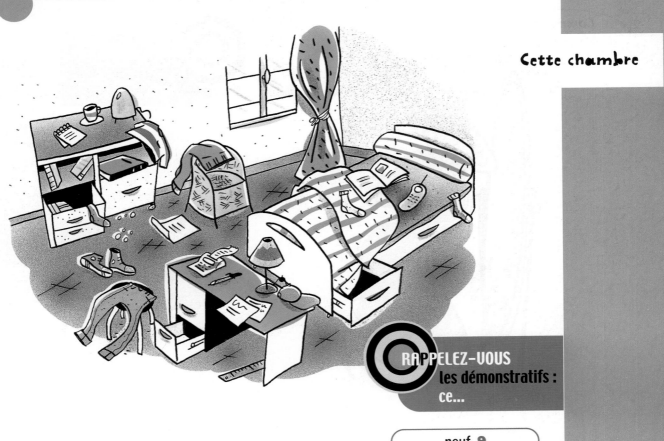

Cette chambre

RAPPELEZ-VOUS
les démonstratifs :
ce...

En avant !

Vous décrivez

Ces plats

RAPPELEZ-VOUS
les partitifs :
du...

Dites quelle chambre,
quels vêtements, vous préférez.
Et maintenant, décrivez votre chambre,
les vêtements que vous portez,
votre plat préféré.

Comment
me trouvez-vous ?

Ça me va bien,
non ?

RAPPELEZ-VOUS
les possessifs :
mon...

RAPPELEZ-VOUS
les adjectifs :
- un chemisier **bleu**
- une veste...

3• Vous choisissez
un spectacle

Vous proposez à un ami d'aller voir ce spectacle. Vous dites pourquoi vous l'aimez.

RAPPELEZ-VOUS
les comparaisons :
plus... que...

4• Vous choisissez
un livre

Vous voulez faire un cadeau à un ami. Vous hésitez entre ces trois livres. Le vendeur vous demande les goûts de votre ami et vous conseille.

Un livre pour mon anniversaire ? Ah non ! Lire, c'est fatigant !

RAPPELEZ-VOUS
• la phrase interrogative
• la phrase négative

5• Racontez
ce qui s'est passé

Je voudrais un chien.

Un peu plus tard...

...

Un animal chez moi ? Pourquoi pas ?

RAPPELEZ-VOUS
- le passé composé
- les compléments de temps

6• Dites tout ce que vous
savez de ce sportif

. Faites la légende de sa photo.
. Parlez d'un sportif ou d'un chanteur célèbre dans votre pays. Présentez-le dans une lettre à votre correspondant français.

Moi, j'aimerais être célèbre, avoir ma photo dans le journal : « Alix a gagné son 25ᵉ tournoi de tennis... » ou « Hier soir au Zénith, 20 000 personnes sont venues voir Alix... »

7• Invitez-les

C'est l'anniversaire de votre meilleur copain.
Vous voulez lui faire une surprise.
Vous écrivez à tous vos copains pour leur demander
• quel cadeau ils veulent faire.
• Écrivez votre lettre.

Mon cher Renaud

Moi, j'apporte une pomme et trois francs...

UNITÉ 1

Partir...

> Ah, jouer du saxo sous la neige... !

Un matin à Lyon ...

Martin : Alors, tu pars ?

Julien : Oui, après Noël. Mon père a trouvé un travail en Finlande.

Martin : En Finlande ? À Helsinki ?

Julien : Non, dans le centre, à Tampere.

Martin : Tu n'as pas l'air content... C'est superbe, la Finlande !

Julien : Ah oui... surtout en janvier, quand il fait – 30° !

La Finlande

- capitale : Helsinki
- superficie : 338 000 km²
- forêt : 67 % du pays
- lacs : environ 188 000
- côtes (sur la mer Baltique) : 4 600 km, avec 81 000 îles
- frontières : 2 534 km (avec la Suède, la Norvège et la Russie)
- population : 5 116 000 habitants
- langues : finnois, suédois, lapon

Pays de forêts et de lacs, la Finlande se couvre en hiver d'un magnifique manteau de neige et de glace. En toute saison, c'est un véritable paradis pour les amoureux du sport, du silence et de l'air pur...

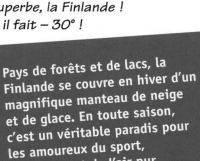

On s'entraîne

le lieu : noms de pays ou de régions

- **Noms de pays commençant par une consonne :**
masculin : *au Danemark, au Mexique*
féminin : *en Finlande, en Namibie*
- **Noms de pays commençant par une voyelle :**
en Équateur, en Iran, en Égypte, en Chine
- **Noms de pays au pluriel :**
aux Pays-Bas, aux Seychelles

- **Noms d'îles sans article :**
à Malte, à Singapour, à Chypre

1. En Finlande... et ailleurs.

a. Observez.

Vous voulez
- faire un week-end de ski en Finlande ?
- passer une semaine à Malte ou aux Pays-Bas ?
- partir trois mois aux Seychelles ou au Laos ?
Choisissez XTOURS : vacances courtes ou longues, partout dans le monde !

b. Pouvez-vous dire dans quels pays se trouvent ces villes ?
Zürich – Amsterdam – Bagdad – Oslo – Nicosie – Sofia – Calcutta – San Francisco – Rio de Janeiro – Lisbonne – Casablanca – Pékin – Lima – Copenhague – Cracovie

2. Pays.

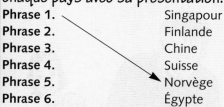

Écoutez l'enregistrement, et faites correspondre
chaque pays avec sa présentation.

Phrase 1.   Singapour
Phrase 2.   Finlande
Phrase 3.   Chine
Phrase 4.   Suisse
Phrase 5.   Norvège
Phrase 6.   Égypte

3. C'est superbe, la Finlande !

a. Observez.

Un très bel hôtel
dans un cadre
extraordinaire ;
des chambres tout
confort
avec une vue superbe
sur la montagne.

Xtours
des voyages merveilleux
à des prix
exceptionnels !

b. Récrivez les textes suivants en remplaçant le
mot souligné par le mot indiqué.
– Quel voyage ! Vraiment merveilleux !
– Oui, un très beau voyage, mais un peu trop court.
(➤ vacances)

– Mange ton poisson, il va être froid. Le poisson
est meilleur quand il est chaud.
– Il n'est pas bon, alors, froid ou chaud…
(➤ viande / ➤ pâtes)

à vous !

■ 1. Faites une petite fiche pour présenter
les informations essentielles sur votre pays.
Rédigez ensuite une présentation « publicitaire »
de trois ou quatre lignes pour une brochure touristique.

■ 2. Votre père est nommé en France. Vous annoncez
à un(e) ami(e) que vous partez. Jouez le dialogue.

---

petit lexique géographique

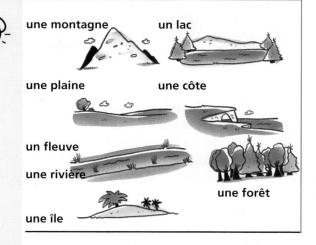

une montagne   un lac

une plaine   une côte

un fleuve
une rivière

              une forêt

une île

pour exprimer l'enthousiasme ou l'admiration

C'est (vraiment)…
- très beau !   – magnifique !

- merveilleux !   – superbe !

- extraordinaire ! – admirable !

l'accord de l'adjectif

Rappelez-vous :
- **Règle générale : féminin : - e   pluriel : - s**
un pays froid   une maison froide
des pays froids   des maisons froides

- **Les adjectifs en - e ne changent pas
au féminin.**

- **Certaines consonnes peuvent changer
devant - e :**
bon ➤ bonne   merveilleux ➤ merveilleuse

- **Attention aux adjectifs irréguliers :**
beau / bel ➤ belle (pluriel : *beaux / belles*)
vieux ➤ vieille (pluriel : *vieux / vieilles*)

Changer de ville

Un soir à Nantes...

Le père : J'ai trouvé du travail à Paris. Cet été, on déménage.

Cécile : Paris ! À quatre cents kilomètres de Nantes ! Et mes copains alors, je ne vais plus les voir ?

Le père : Tu exagères... Nantes n'est qu'à deux heures de train de Paris. On peut revenir souvent.

Cécile : Et mes études ? Et la troupe ?

La mère : Il y a aussi des lycées à Paris, et plein de jeunes qui font du théâtre.

Laetitia : Chic ! Enfin une grande ville.

Cécile : Parce que Nantes, c'est la campagne ?

Laetitia : Non, mais Paris c'est la capitale, c'est mieux !

Cécile : Ça y est, elle parle déjà comme une Parisienne !

Je me sens déjà parisienne !

Paris

Faut-il présenter Paris, une des villes les plus célèbres et les plus visitées du monde ? Paris, c'est d'abord 2000 ans d'histoire.
Chaque époque a laissé ses traces : la cathédrale Notre-Dame au Moyen Âge, le Louvre à la Renaissance, sans oublier le quartier pittoresque du Marais ou, plus près de nous, la tour Eiffel, les Champs-Élysées, l'Arche de La Défense...
Mais Paris, ce n'est pas seulement l'histoire : c'est plus de 400 parcs et jardins, des centaines de cinémas, de théâtres, de restaurants et de cafés avec leurs terrasses...
Et c'est aussi un peu plus de 2 millions d'habitants, venus de toute la France et du monde entier.
On ne visite pas Paris en un jour.
Il faut y rester et, pourquoi pas, y vivre.

On s'entraîne

1. Nantes n'est qu'à 2 heures de train...

a. *Observez.*
- Nantes, **c'est à** 400 km de Paris.
- Nantes **n'est qu'à** 2 heures de train de Paris.
- Nantes, en train, **vous y êtes en** 2 heures.
- Paris-Nantes, **ça fait** 400 km ;
  ça fait 2 heures de train.

b. *Un touriste vous demande où se trouvent :*
1. la gare   2. la mairie
3. la poste   4. le métro
et combien de temps il faut pour y aller.
Vous lui donnez toutes les indications utiles.

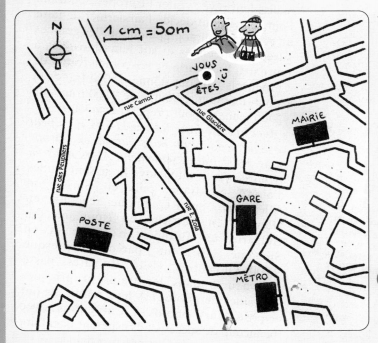

2. Chic !

Que dites-vous dans les cas suivants ?
– Vous venez de manquer votre train.
– Demain, le cours de maths est supprimé.
– Un ami ne peut pas venir à votre fête.
– Vous avez gagné un voyage en France.
– Votre baladeur ne marche plus.

---

mesurer des distances

- Le système métrique :
1 kilomètre (km) = 1 000 mètres.
1 mètre = 100 centimètres = 1 000 millimètres.

- On peut indiquer l'éloignement :
– par la distance : ➤ *C'est à 500 mètres.*
– par la durée :   ➤ *C'est à 2 minutes à pied.*

- Quelques expressions :
C'est loin   ➤ *C'est au bout du monde.*
               ➤ *Ce n'est pas la porte à côté.*
C'est tout près ➤ *C'est à deux pas.*

---

ne... que = seulement

– *Vous voulez un jus de fruit ?*
– *Non merci, je **ne** bois **que** de l'eau ;*
            *je bois **seulement** de l'eau.*

---

satisfaction ou mécontentement ?

- **Pour exprimer la joie, la satisfaction :**
Chic !/Chic alors !
Chouette !
Quelle chance !
(C'est) super ! (familier)
(C'est) génial ! (familier)

- **Pour exprimer le mécontentement,
la déception :**
Quel dommage !
Pas de chance...
Zut ! (Flûte ! Mince !...)

■ 1. Cécile écrit une petite carte à Valérie (en vacances
à Quiberon) pour lui annoncer son départ à Paris
et lui exprimer son mécontentement et sa tristesse.

■ 2. Laetitia écrit aussi à une amie pour lui annoncer
la même nouvelle, mais elle est très contente !

L'Europe en train

À SAVOIR

Créé en 1987 par le ministère de la Jeunesse et des Sports, le « Défi jeunes » a pour but de soutenir les projets des jeunes de 15 à 25 ans dans tous les domaines. En dix ans, il a aidé 20 000 jeunes et soutenu plus de 5 000 projets.

SPÉCIMEN

CIV 87 SNCF	0000000	Nom	Cachet d'émission
		Prénom	
Validité / du /von		Pays de résidence	Ausgabestem
Gültigkeit au / bis		N° de pièce d'identité	
Mode de paiement Zahlungsart			

Inter Rail

					Cl. Kl.	Zone A	GBPR/NIR, CIE	
						Zone B	NSB, SJ, VR	
						Zone C	DSB, DB, CFF/SBB, ÖBB	
						Zone D	PKP, CD, ZSR, MAV, HZ,	
1 zone	2 zones	3 zones	Global		2	Zone E	SNCF, SNCB, CFL, NS	
						Zone F	RENFE, ONCFM, CP	
Billet Aller n°						Zone G	FS, SZ, CH, TCDD, ADN/HML	
Billet Retour n°						Zone H	BDZ, CFARYM, CFR, JZ	FRF
(1) Rayer la ou les mentions inutiles		Motif Grund	Inter Rail	- 26	26 +	- 12		EUR
Date de naissance								
Sexe M ☐	F ☐							

« Défi jeunes »

Trois jeunes Français de 17 ans viennent de recevoir le prix « Défi jeunes » 1997, pour leur reportage photographique sur les grandes gares européennes. Gladys, Sylvie et Hugues, tous trois lycéens à Carpentras (Vaucluse), ont réalisé leur rêve : visiter l'Europe… en train. Pour cela, ils ont décidé l'an dernier de faire un reportage photographique sur les grandes gares européennes et sur leurs kiosques à journaux. La mairie et les commerçants de Carpentras leur ont donné 32 000 francs, et ils ont obtenu une bourse de 9 000 francs du « Défi jeunes » pour préparer le voyage. « *Avec la carte Inter Rail de la SNCF, on peut voyager pendant un mois partout en Europe pour 2 000 francs seulement. Alors nous en avons profité* », dit Gladys. Ils se sont rendus d'abord en Italie, puis en Suisse, en Allemagne, en République tchèque, en Hongrie, en Autriche, en Roumanie, en Bulgarie, en Turquie, en Grèce et en Slovénie. Ils ont parcouru presque 9 000 kilomètres, visité 30 gares, passé 170 heures dans les trains et pris des centaines de photos ! À leur retour, ils ont exposé leurs photos à Carpentras, avec beaucoup de succès, et ils espèrent bien faire un autre reportage l'année prochaine.

■ a. VRAI ou FAUX ? (Si on ne peut pas savoir, répondez « ? »)	VRAI	FAUX	?
Gladys, Sylvie et Hugues ont écrit un livre sur les gares européennes.			
Ils sont les premiers jeunes à recevoir le prix « Défi jeunes ».			
Ils ont visité 11 pays.			
L'année prochaine, ils veulent faire un reportage sur les aéroports.			
Pour recevoir une aide du « Défi jeunes », il faut avoir moins de 26 ans.			
La carte Inter-rail permet de voyager en Europe sans payer.			
Cette carte existe seulement pour les jeunes.			

■ b. Est-ce que la carte Inter Rail (ou une formule du même genre) existe dans votre pays ? Existe-t-il d'autres moyens pour les jeunes de voyager moins cher ?

> *Comment ça, je ne peux pas aller au Canada en train... ?*

Si vous prenez le train en France...

le train

SNCF : Société nationale des chemins de fer français.

TGV : Train à grande vitesse.

• Avant de monter dans le train, vous devez « composter » votre billet.

UN WAGON

LA VOIE

LE QUAI

pour comprendre les annonces

Le train *en provenance de* Paris = ... qui vient de Paris.
Le train *à destination de* Paris = ... qui va à Paris.

■ Vous êtes en voyage en France, avec la carte Inter-rail. Aujourd'hui, vous êtes à Lyon, dans la gare, et vous voulez prendre le train de 18 h 50 pour Marseille.
Écoutez bien les différentes annonces et répondez aux questions.

annonce n° 1 :	❏ C'est votre train. ❏ Ce n'est pas votre train. ❏ On ne peut pas savoir.	❏ C'est un TGV. ❏ Il arrive.	❏ C'est un train normal. ❏ Il part.　　Voie n° :...
annonce n° 2 :	❏ C'est votre train. ❏ Ce n'est pas votre train. ❏ On ne peut pas savoir.	❏ C'est un TGV. ❏ Il arrive.	❏ C'est un train normal. ❏ Il part.　　Voie n° :...
annonce n° 3 :	❏ C'est votre train. ❏ Ce n'est pas votre train. ❏ On ne peut pas savoir.	❏ C'est un TGV. ❏ Il arrive.	❏ C'est un train normal. ❏ Il part.　　Voie n° :... Combien d'arrêts fait-il ?　❏ 0　❏ 1　❏ 2
annonce n° 4 :	❏ C'est votre train. ❏ Ce n'est pas votre train. ❏ On ne peut pas savoir.	❏ C'est un TGV. ❏ Il arrive.	❏ C'est un train normal. ❏ Il part.　　Voie n° :... Combien de temps reste-t-il à Lyon ?...

Rue Mouffetard

Le père :	Eh bien, le voilà, notre nouvel appartement. L'immeuble vous plaît ?
Cécile :	Bof... J'aimais mieux notre maison à Nantes.
Le père :	Mais on est à deux pas d'une station de métro, et à cinq minutes en bus de l'école de Laetitia !
Laetitia :	À Nantes, c'était plus près.
La mère :	On a tous les commerces à notre porte : boulangerie, charcuterie, librairie, fleuriste...
Cécile :	À Nantes, il y avait un magasin de disques à côté...
Laetitia :	... et un marchand de glaces !
Cécile :	On avait un jardin.
Le père :	Mais ici c'est une rue piétonne : on peut se promener tranquillement.
Laetitia :	Nous, on n'aime pas marcher en ville. À Nantes, on se promenait au bord de la mer...

La rue Mouffetard

À Paris, les rues piétonnes comme la rue Mouffetard ou la rue Daguerre sont connues pour leurs marchés. Se promener les jours de marché est un véritable plaisir, surtout quand il fait beau !

On s'entraîne

exprimer une préférence

J'aime bien la ville mais :
– *j'aime mieux* la campagne ;
– *je préfère* la campagne ;
– *je trouve* la campagne *plus* agréable.

1. J'aimais mieux notre maison à Nantes.

Moi, j'aime mieux la ville !

2. À Nantes, c'était plus près.

a. Observez.
• Je suis arrivé à Paris en 1995, mais avant j'habitais à Nantes.
– Et vous aimiez Nantes ?
– Oui, c'était plus tranquille que Paris, et il y avait la mer.

b. Ils ont changé... Dites comment chacun d'eux était ou comment il vivait autrefois, et comment il est ou vit aujourd'hui.
Autrefois...

Aujourd'hui...

c. Et vous ? Y a-t-il des choses que vous faisiez et que vous ne faites plus (ou le contraire) ?

3. En ville.

Transformez.
Avant, j'habitais (à) Nantes, mais maintenant je vis à Paris.
➤ Saint-Nazaire/Le Croisic
➤ Tours/La Flèche
➤ Le Puy/Limoges
➤ Paris/province
➤ campagne/ville
➤ petite ville/Lyon

l'imparfait

• **Il sert à exprimer un état dans le passé.**

verbes en -er	avoir	être
j'habit**ais**	j'avais	j'étais
tu habit**ais**	tu avais	tu étais
il/elle habit**ait**	il/elle avait	il/elle était
nous habit**ions**	nous avions	nous étions
vous habit**iez**	vous aviez	vous étiez
ils/elles habit**aient**	ils/elles avaient	ils/elles étaient

à, au, en, dans, sur....

On vit / on habite	**en** ville, **en** province, **en** Bretagne
	à la campagne, **à la** montagne
	au bord de (la) mer
	dans un village
	dans une grande ville
	dans les Pyrénées
On habite	Nantes / **à** Nantes
	La Rochelle / **à** La Rochelle
	Le Mans / **au** Mans
On marche	**dans** la rue
	sur le trottoir

■ 1. Julien est maintenant en Finlande, à Tampere. La ville lui plaît, mais il regrette un peu Lyon. Il téléphone à son ami Martin. Jouez le dialogue.

■ 2. Et vous, où habitez-vous (ville, rue, bâtiment...) ? Êtes-vous content(e) de l'endroit où vous habitez ? Dites si cet endroit a changé, et comment c'était avant.

Nostalgie...

Nantes, le 8 septembre

Chère Cécile,

Toi aussi tu nous manques, et le théâtre sans toi ce n'est plus la même chose... Mais tu as tort de regretter Nantes. Je suis allée à Paris l'année dernière, et c'était génial. J'ai envie d'aller te voir là-bas et de voir où tu habites. Si ton appartement est grand, on va pouvoir se retrouver bientôt. Aux prochaines vacances peut-être ? Je t'embrasse

Valérie

Paris le 3 septembre

Chère Valérie,

Nous sommes arrivés hier à Paris. Il faisait mauvais, et aujourd'hui le ciel est encore gris. Notre nouvel appartement est assez grand : trois chambres, un salon et un balcon mais les pièces sont plus petites qu'à Nantes : la salle de bains et la cuisine sont minuscules et il n'y a pas beaucoup de lumière. Dans la rue où nous habitons, il y a beaucoup de commerces. C'est un peu comme un village. Mais la mer me manque, et vous me manquez aussi. J'ai mis votre photo sur mon bureau. Heureusement il y a une chambre pour vous ! Écris-moi Bises

Cécile

On s'entraîne

petit lexique du logement

(entre parenthèses : abréviations courantes dans les annonces.)

l'immeuble	(imm.)	l'appartement	(appt)
un rez-de-chaussée	(rdc)	une pièce	(p.)
un étage	(ét.)	une cuisine	(cuis.)
un escalier	(esc.)	un salon	(sal.)
un ascenseur	(asc.)	une chambre	(ch.)
un balcon	(balc.)	une salle de bains	(sdb)
		un mètre carré	(m²)

la situation		les qualités	
à proximité de...	(prox.)	tout confort	(tt conf.)
avec vue sur...	(vue)	calme	
au bord de...	(bd)	équipé(e)	(équ.)

1. Notre nouvel appartement...

À partir de chaque annonce, rédigez un texte complet (attention aux articles et aux prépositions !).

- vends appt 3 p. 80 m², prox. Seine, 4e ét. asc., balc., vue.

- Nantes, prox. ctre-ville, mais. 150 m², 4 ch., cuis., sdb équ.

- appt tt conf. 35 m², rdc, ds ville mais calme, imm. neuf.

2. La rue où nous habitons.

a. Observez.
- Un libraire, c'est quelqu'un **qui** vend des livres.
- Une librairie, c'est un magasin **où** on vend des livres.

b. À votre tour, donnez les définitions des mots suivants. Utilisez « qui » ou « où » selon le cas.
- Un théâtre, c'est…
- Un comédien, c'est…
- Une auto-école, c'est…
- Un lycée, c'est…
- Une gare, c'est…
- Un TGV, c'est…
- Un concert, c'est…

3. La mer me manque...

Imaginez que vous venez de déménager : vous avez changé de maison et de ville, et vous ne vous êtes pas encore habitué(e). Vous écrivez une petite lettre à un ami qui, lui, n'est pas parti…
Que lui dites-vous ?

4. Je t'embrasse.

Observez les formules ci-contre et comparez avec les formules utilisées dans votre pays.
Quelles sont les ressemblances et les différences ?

 Vous cherchez un appartement. Un ami en a visité deux pour vous.
Il vous laisse un message sur votre répondeur.
Écoutez et indiquez l'image et le plan correspondant à chaque description.

BÂTIMENT N°…

BÂTIMENT N°…

APPARTEMENT N°…

APPARTEMENT N°…

Vivre en ville

Vie de quartier

Les repas de quartier

Née en 1991 à Toulouse, l'idée des repas de quartier où tout le monde discute dans la rue, au-dessus d'une assiette, s'est répandue dans toute la France.

C'est un musicien - Claude Sicre, 51 ans - qui a lancé cette expérience. Pour lui, les gens doivent marcher au lieu de courir, se parler vraiment au lieu de communiquer avec un portable, prendre le temps de lire au lieu de rester devant la télévision. En fait, il voulait retrouver un peu le passé : il a donc organisé des repas de quartier où chaque personne prépare un plat, chaud ou froid, salé ou sucré, et l'apporte sur une table, dans la rue. Puis tout le monde mange et discute.

Les journaux ont beaucoup parlé de ce retour des relations humaines véritables. L'expérience a ensuite continué dans plusieurs villes. En fait, ces repas réunissent souvent des gens qui se connaissent déjà, qui ont le même travail ou qui vivent dans le même immeuble... *« Tant pis*, dit Claude Sicre, *les gens se parlent, c'est le plus important ! »*

■ a. Quand et où cette expérience a-t-elle commencé ?

b. Qu'est-ce que Claude Sicre n'aime pas dans la vie d'aujourd'hui ?

c. D'après lui, comment faut-il vivre ?

d. Les repas de quartiers sont-ils vraiment nouveaux ?

e. Qu'est-ce que les journaux ont pensé de cette expérience ?

f. Et vous, qu'en pensez-vous ?

Petit guide du métro parisien (et du RER)

Ils fonctionnent de 5 h 30 du matin à 0 h 30 le jour suivant, et transportent plus de huit millions de voyageurs par jour à Paris et en région parisienne.

· Le métro : 15 lignes différentes, avec 366 stations et 75 correspondances ! On peut reconnaître les lignes par leur numéro et par leurs terminus : par exemple, la ligne 4 traverse Paris du sud (Porte d'Orléans) au nord (Porte de Clignancourt). Dans la journée, il y a en moyenne un métro toutes les deux minutes.

· Le RER (Réseau express régional) : c'est en fait un train qui traverse Paris mais va beaucoup plus loin en Île-de-France. Il y a cinq lignes : A, B, C, D, E.

Dans Paris, le RER est plus rapide que le métro, mais il s'arrête moins souvent.

Les lignes de métro et de RER sont en correspondance dans plusieurs grandes stations parisiennes (Châtelet, Denfert-Rochereau, Charles-de-Gaulle-Étoile...).

Préparez-vous à marcher : ces correspondances sont parfois très longues.

Et attention à ne pas vous tromper ! Pour vous aider, vous trouverez des plans sur les murs à l'entrée des stations et sur les quais.

■ Vous êtes à Paris. Vous habitez Porte-d'Orléans et vous avez une journée pour visiter la cathédrale Notre-Dame (métro Cité ou Saint-Michel), l'Opéra-Bastille (métro Bastille), le Sacré-Cœur (métro Abbesses) et manger le soir à Montparnasse. Vous voulez voyager seulement en métro.

a. Expliquez votre itinéraire à un ami (avec les stations et les correspondances).

b. De combien de tickets avez-vous besoin ?

■ Dans le métro, il faut aussi ouvrir ses oreilles... Écoutez ces annonces et dites pour chacune à quelle information elle correspond.

a. objet trouvé   annonce n°...

b. mise en garde contre
   les voleurs   annonce n°...

c. il faut quitter cette ligne
   et changer d'itinéraire   annonce n°...

d. fermeture du métro   annonce n°...

e. arrivée en fin de ligne   annonce n°...

De nouvelles copines ?

Le 19 septembre...

Laetitia : Tu as vu ? J'ai reçu une invitation !
Cécile : Une invitation ? De qui ?
Laetitia : De Carole. Elle est en classe avec moi.
Cécile : Tu vas y aller ?
Laetitia : Évidemment.
Cécile : Et les copines que tu avais à Nantes ?
Tu les a oubliées ?
Laetitia : Non, bien sûr.
Cécile : Si, regarde : tu as déjà de nouvelles copines.
Laetitia : Et alors ? Je ne vais quand même pas rester enfermée à la maison !
Cécile : Moi si. Je regrette trop mes amis de Nantes.
Laetitia : Tu parles ! Tu te disputais toujours avec Annie, tu t'es fâchée trois fois avec Valérie…
Cécile : On s'est réconciliées.
Laetitia : Tu vas changer d'avis, j'en suis sûre.

☺ Le 15 octobre,
☺ c'est mon
☺ anniversaire,
☺ et tous les amis
☺ sont les bienvenus
☺ au 43, rue de Lille !
Carole

Le 3 novembre ...

Je fais une **petite boum** chez moi **le samedi 27 novembre.**
Une occasion pour s'amuser, et pour faire un peu mieux connaissance.

Alors, à bientôt !

Yamina

On s'entraîne

le pronom relatif « que »

qui = pronom sujet
que = pronom complément

C'est un ami qui vit à Paris.
C'est un ami que je vois tous les jours.

• **Les pronoms « qui », « que » sont invariables :**
le livre / les livres
la robe / les robes ➤ *que…*

• **« que » devient « qu' » devant une voyelle, mais « qui » ne change pas.**
Le livre qu'il a lu / L'ami qui est venu

1. Les copines que tu avais à Nantes.

a. Observez.
• Tu me conseilles ce livre ? Je vais le lire.
➤ Je vais lire le livre **que** tu me conseilles.
• Elle porte une belle robe. Tu as vu ?
➤ Tu as vu la belle robe **qu'**elle porte ?

b. Donnez la définition des mots suivants, en utilisant « que ».
Exemple : « Un dictionnaire, c'est un livre qu'on utilise pour trouver le sens d'un mot. »
– un bon roman   – un sandwich
– un vrai ami   – un petit déjeuner

2. Tes copines, tu les as oubliées ?

a. Observez.
• Tu as lu les romans de Marguerite Duras ?
– Oui, je les ai lus.
– Et tu as lu aussi ses pièces ?
– Non, je ne les ai pas lues.

b. Posez des questions sur le même modèle.
Exemple : lire des livres ➜ *Ces livres, tu les as lus ?*
➤ faire des courses
➤ acheter une robe
➤ écrire des lettres
➤ voir un film
➤ choisir des CD
➤ inviter des amis

3. Tous les amis sont les bienvenus !

**a. Observez dans le tableau ci-contre
les différentes formules pour souhaiter
la bienvenue.**
• Où peut-on voir ces panneaux ? Quand peut-on
entendre ces phrases ?
• Comparez avec les expressions utilisées dans
votre pays.

b. Comment accueillez-vous :
– une personne que vos parents ont invitée ?
– un ami qui arrive chez vous sans prévenir ?
– un marchand qui fait du porte-à-porte ?
Jouez chacune de ces situations.

à vous !

■ Un ami français doit arriver chez vous pour les
vacances, mais vous ne savez pas à quelle heure, et vous
devez aller au lycée. Vous lui laissez un petit mot sur la
porte : vous lui souhaitez la bienvenue, vous lui expliquez
à qui il doit demander les clefs, vous l'invitez à
s'installer, vous dites quand vous revenez, vous le
saluez.

Bienvenue au club !

Vous aimez les timbres ?
Vous cherchez un club ? Celui-ci est fait pour vous.
Club des philatélistes du 14e

• Rejoignez le **Club des collectionneurs de pierres**
• rencontres
• échanges de pierres
• excursions…
cotisation : 16 F / mois

LES AMIS DES BÊTES
un club pour tous ceux qui aiment les animaux et qui veulent mieux les connaître

Apprenez à mieux utiliser le web !
INTERNAUTES D'EUROPE
• 12 ordinateurs à votre disposition
• cotisation : 30 F/mois
• condition d'inscription : moins de 25 ans

– Comme tu vois, il y a le choix.
– Tu parles, il n'y a même pas de club de théâtre !
– Mais ce n'est pas tout, le théâtre ! Tiens, regarde, les philatélistes, ça n'est pas mal.
– Les timbres ne m'intéressent pas.
– Et les amis des animaux ? Tu as un chien, non ?
– J'aime mon chien, mais je n'aime pas ceux des autres.
– Et si tu t'inscrivais au club Internet ?
– L'informatique, ça m'ennuie.
– Alors, j'ai une idée : tu n'as qu'à créer ton propre club, celui des gens qui n'aiment rien.

J'ai créé un club : le club des gens qui n'ont pas de club. Il y a beaucoup de gens qui viennent s'inscrire. Mais quand ils s'inscrivent, ils ne font plus partie des gens qui n'ont pas de club. Alors ils s'en vont… Et il n'y a plus personne dans mon club…

On s'entraîne

le pronom démonstratif

• **Simple**

	masculin	féminin
singulier	**celui**	**celle**
pluriel	**ceux**	**celles**

Le pronom démonstratif simple est employé :
– avec un complément de nom :
*Cette voiture, c'est **celle** de Paul ?*
– avec un relatif :
*Oui, c'est **celle qu'**il vient d'acheter.*

1. Je n'aime pas ceux des autres.

a. Observez.
• Quel pull vas-tu acheter ?
– Je ne sais pas… Celui-ci est très beau, celui-là n'est vraiment pas cher, et ceux qui sont dans la vitrine me plaisent aussi…

b. Refaites le dialogue ci-dessus en remplaçant
« pull » par : « lunettes », « cahiers », « veste ».

c. Transformez les questions selon le modèle.
Exemple : Cet homme a téléphoné hier ? ➤ *Cet homme, c'est celui qui a téléphoné hier ?*
➤ Vous avez acheté cette maison ?
➤ Tu vas emporter ces vêtements ?
➤ Votre voiture est devant la porte ?
➤ Tu voulais me poser cette question ?
➤ Vous portez ces lunettes pour conduire ?
➤ Le chien vous a mordu ?

2. Tu n'as qu'à créer ton propre club.

Imaginez les propositions ou suggestions
que vous feriez :
– à des amis qui s'ennuient le week-end ;
– à un touriste qui cherche un bon restaurant ;
– à un voisin dont le chien aboie toute la journée ;
– à un ami qui veut apprendre le français ;
– à quelqu'un qui se trouve trop gros ;
– à votre frère/sœur qui fait trop de bruit.

3. Les timbres, ça ne m'intéresse pas.

Dites quel est le sentiment ou l'attitude
qu'exprime chacune des phrases enregistrées.

	1	2	3	4	5	6	7	8
Proposition								
Joie, enthousiasme								
Tristesse, regret								
Ennui, désintérêt								

faire une proposition ou une suggestion

Il existe de nombreuses tournures :
   Vous êtes fatigué…
Pourquoi ne prenez-vous pas des vacances ?
Et si vous preniez des vacances ?
Il suffit de prendre des vacances !
Prenez donc des vacances !
Avez-vous pensé à prendre des vacances ?
Des vacances, ça vous dit ? (plus familier)
Vous n'avez qu'à prendre des vacances.

exprimer l'ennui, le désintérêt, le dégoût

Je n'aime pas…	Ça m'ennuie.
Ça ne m'intéresse pas.	À quoi bon ?
Quel intérêt ?	Pour quoi faire ?
Ça ne vaut pas la peine !	Et après ?

à vous !

■ **1. Créez un petit panneau pour un club de votre choix :**
• donnez-lui un nom ;
• précisez à qui il est destiné ;
• dites quelles sont les activités proposées et les conditions d'adhésion.

■ **2. Vous essayez de convaincre un ami d'adhérer à votre club. Mais ça ne l'intéresse pas, et d'ailleurs rien ne l'intéresse.**
Vous jouez la scène.

■ **3. Jouez la même situation, mais en inversant les rôles (vous êtes l'ami).**

Correspondre

Vous rêvez d'avoir un correspondant en français... Comment réussir votre correspondance ? Ce n'est pas si difficile. Lancez-vous : nous vous disons comment il faut faire.

Dans quel pays ?

En France, bien sûr – mais pensez aussi à tous les jeunes qui parlent français dans le monde, au Québec, aux Antilles, en Afrique de l'Ouest, en Belgique, en Suisse...

Allez vers l'autre.

Une correspondance, ça demande un petit effort. Mais l'essentiel, c'est d'être prêt(e) à découvrir quelqu'un qui est différent de vous.

Comment écrire ?

Commencez par « Cher/Chère... » ou « Bonjour... », suivi de son prénom (en Afrique on ajoute souvent « Comment ça va ? »). Parlez de vos goûts, de votre famille, de votre pays... Posez-lui des questions. Vous êtes impatient(e) de recevoir sa lettre ? Dites-le-lui.

Quelques règles importantes.

Écrivez votre adresse complète au début de chaque lettre, c'est plus facile pour répondre. Écrivez de manière lisible, assez gros, ou avec un ordinateur, mais signez toujours au stylo, c'est plus personnel.

Répondez vite.

N'attendez pas plus de quinze jours : un correspondant doit être fidèle. Si vous n'avez pas le temps d'écrire une lettre, envoyez d'abord une carte postale.

Cherchez des idées originales.

Une correspondance ne doit pas être ennuyeuse. C'est aussi un moyen pour connaître un pays, une culture, une autre manière de vivre. Envoyez une photo d'identité, mais aussi une photo de votre maison, de votre rue, de votre école. Choisissez l'activité que vous préférez et demandez à un ami de faire une photo de vous (sur un vélo, au foot...). Dans vos lettres, ajoutez des petits signes de vie : un ticket de métro, un programme de télé avec vos émissions préférées, une cassette avec des chansons que vous aimez... Alors, à vos stylos, chers correspondants ! Vous allez peut-être trouver un ami.

D'après Brigitte Roussillon, Rendez-vous, Bayard Presse.

■ **a. Ce texte est destiné :**
❑ à de jeunes Français
❑ à de jeunes étrangers
❑ à des adultes

■ **b. Il donne des conseils pour :**
❑ trouver des adresses de correspondants
❑ écrire des lettres intéressantes
❑ améliorer son expression en français

■ **c. Avez-vous bien compris tous les conseils ?**

Dites ce qu'on doit faire ou ne pas faire...	On peut	On doit	On ne doit pas
• dire qu'on est impatient d'avoir une réponse			
• parler beaucoup de soi-même			
• taper sa lettre sur un ordinateur			
• signer avec un stylo			
• envoyer seulement des cartes postales			
• attendre 15 jours (mais pas plus) avant d'écrire			

■ **d. Que pensez-vous des moyens proposés pour « personnaliser » votre correspondance ? Pouvez-vous en imaginer d'autres ? Décrivez-les.**

Ils attendent votre réponse !

Nous avons créé un club dans le but d'avoir des amis dans le monde entier, pour échanger des idées, organiser des rencontres amicales entre tous les jeunes et des activités sportives. Alors, contactez-nous vite.
· Club d'Amitié Barbara Schell, N'Djamena (Tchad)

Moi, c'est Gabriel, j'ai 14 ans, je suis fou de lecture, de musique, et je cherche des correspondants avec, si possible, les mêmes passions que moi. J'attends vos lettres avec impatience.
Gabriel Masson, Marseille (France)

J'aimerais faire un jumelage de clubs de quartier ou de village entre les jeunes de Côte-d'Ivoire et ceux d'Europe, pour échanger des idées sur des projets humanitaires.
Delphine Bongro Ahou, Abidjan (Côte-d'Ivoire)

Je suis guadeloupéenne, j'ai 16 ans, j'aimerais correspondre avec des filles du monde entier. J'aime les animaux, la plage, lire et voyager. J'ai hâte de vous connaître.
Muriel Delver, Petit-Bourg (Guadeloupe)

J'aimerais correspondre avec des jeunes d'Afrique. Je m'intéresse à l'actualité, j'aime la nature, les animaux... Qu'attends-tu pour m'écrire ?
Bianca Tcherne, Québec (Canada)

Je suis Raoul, un jeune Haïtien de 15 ans. J'adore le rock, le sport et surtout le volley. Mais j'aime aussi parler de choses sérieuses et de religion. Écrivez-moi vite !
Raoul Laubépin, Port-au-Prince (Haïti)

■ a. Avec le(s)quel(s) de ces jeunes correspondrez-vous si vous aimez surtout :
– la musique ;
– le sport ;
– les livres ;
– la mer ;
– les animaux ;
– réfléchir et discuter ;
– savoir ce qui se passe dans le monde ?

■ b. Qui veut correspondre avec :
– des jeunes, garçons ou filles ?
– des filles seulement ?
– des garçons seulement ?

■ c. Une de ces annonces n'est pas écrite par une seule personne. Laquelle ?

■ d. Relevez toutes les expressions qui expriment l'« impatience ». En connaissez-vous d'autres ?

■ e. Choisissez une des ces annonces et répondez-y. Suivez les conseils donnés page précédente !

LES VOYAGES D'ÉRIC

AH, LA MARTINIQUE !...
SES BELLES EAUX BLEUES...
SON BEAU SABLE BLANC !...

ET, EUH... C'EST À COMBIEN D'HEURES D'AVION ?

CE N'EST QU'À 7 HEURES D'ICI !

ET... UNE DESTINATION VRAIMENT EXOTIQUE, VOUS AVEZ ÇA ?

J'AI LE PÔLE NORD... C'EST LE PARADIS, MAIS CE N'EST PAS LA PORTE À CÔTÉ !

HUM !... PAS GÉNIAL ! ET, EUH... UNE RÉGION OÙ IL NE FAIT PAS MOINS 30° ?

DITES ! ÇA FAIT DÉJÀ 15 MINUTES QUE J'ATTENDS !

EXCUSEZ-MOI !... POURQUOI N'ALLEZ-VOUS PAS AUX CANARIES ? C'EST MAGNIFIQUE !

C'EST L'ENDROIT QUE NOUS PRÉFÉRONS !

1. les pronoms relatifs : « qui », « que » et « où »

■ *Faites une seule phrase en utilisant « qui »,*
« que », « où » (vous pouvez changer l'ordre
des éléments).
Exemple : Tu m'as prêté un disque. Je ne l'ai pas encore
écouté.
➤ *Je n'ai pas encore écouté le disque que tu m'as prêté.*

a. Julien est parti dans une ville de Finlande.
Son père y a trouvé du travail.

b. La famille de Cécile a trouvé un appartement à Paris.
Elle ne l'aime pas.
c. Laetitia a une amie, Carole. Carole est en classe
avec elle.
d. Tu ne veux pas ce gâteau ? Alors je vais le manger.
e. Je te conseille de prendre le train de 11 h. Il est plus
rapide.
f. Victor Hugo a habité dans une rue près d'ici. Tu la
connais ?

2. l'imparfait

■ *Mettez au passé.*
1950 : le grand-père de Cécile décrit son village à un ami.
« Mon village est très beau. Il n'y a pas beaucoup
de maisons, mais elles sont toutes blanches, et elles ont
des fleurs sur les balcons. Pourtant, la vie n'est pas
toujours facile : les gens se lèvent tôt et travaillent
beaucoup pendant la semaine, mais ils aiment aussi
s'amuser, et le samedi soir, il y a parfois des fêtes qui

durent jusqu'au matin. Bien sûr, on n'en parle pas dans
les guides touristiques, mais les étrangers qui passent
trouvent ce village très sympathique, et ils regrettent de
ne pas rester plus longtemps. »
➤ *1999 : le grand-père de Cécile habite en ville ;*
il se rappelle son village, autrefois :
« Mon village était... »

3. les compléments de lieu : « dans », « sur », « à », « en »...

■ *Complétez le dialogue.*
– Où est Paul ? J'ai téléphoné .... lui, mais il ne
répond pas.
– Paul ? Mais il n'est plus .... Paris. Il a trouvé du
travail .... province, ... un petit village
.... Brest, ... Bretagne.
– Brest ? Mais c'est .... bout du monde !

– Mais non, c'est seulement .... 500 kilomètres
de Paris. C'est bien de vivre .... la campagne !
Si tu veux, on va le voir en juillet : .... quatre
heures de train, on y est.
– Non, en juillet je ne peux pas : je fais un petit
voyage .... États-Unis, ... Argentine
et .... Cuba.

4. les pronoms démonstratifs

■ *Réécrivez les passages soulignés en utilisant*
« celui », « celui-ci », « celui de », « celui qui », etc.
Exemple : Tu connais mon lycée ? C'est le lycée *en face*
de la gare.
➤ *Tu connais mon lycée ? C'est celui qui est en face de*
la gare.

a. Tu as vu cette moto ? – Oui, <u>elle est à</u> Valentine.
b. Je voudrais un short bleu, <u>le short bleu</u> dans la vitrine.
c. Tu aimes les gâteaux ? – Oui, mais pas <u>ces gâteaux-là</u> !
d. Sophie a de beaux cheveux, mais <u>Marie a des
cheveux</u> encore plus beaux.
e. Tu aimes ma nouvelle robe ? <u>Je vais la mettre</u> pour
aller à la boum.

vous savez...

Comprendre et exprimer

 la satisfaction, l'enthousiasme, l'admiration

 le mécontentement, la déception, l'ennui

 la tristesse, le regret

Vous allez entendre six phrases. Dites quel sentiment exprime chacune d'elles.

	1	2	3	4	5	6
Enthousiasme						
Ennui						
Regret, tristesse						
Mécontentement						

Décrire un lieu (une région, un logement)

Rédiger une petite lettre amicale

Adeline, une amie de Cécile, l'invite à passer des vacances en août avec elle et une autre amie, Myriam. Il y a deux possibilités : la maison d'Adeline dans les Vosges ; la ville de Cannes (Côte d'Azur), où les parents de Myriam ont un appartement. Adeline décrit chaque endroit, la région autour et ce qu'on peut y faire. Écrivez sa lettre.

• Dans les Vosges

Utiliser les transports en commun en France

Répondez aux questions.

a. Que signifie le mot TGV ?

b. Où peut-on prendre le RER ?   ❐ seulement à Paris
❐ seulement en province
❐ à Paris et en région parisienne

c. Avec la carte orange, on peut voyager moins cher :
❐ à Paris et en région parisienne
❐ dans toute la France
❐ en France et dans d'autres pays

d. À Paris, avec un seul ticket, on peut :
❐ prendre un métro puis un bus
❐ prendre une seule ligne de métro
❐ prendre plusieurs correspondances dans le métro

• À Cannes

votre guide

projet

touristique

Imaginez un jeune Français qui vient visiter votre pays ou votre région. Les guides touristiques classiques sont souvent un peu longs, ou un peu ennuyeux. Vous allez lui proposer un petit guide fait par des jeunes pour des jeunes. Avec des informations touristiques, bien sûr, mais aussi des informations pratiques et des conseils. Le genre de guide que vous voudriez avoir si vous alliez passer quelques jours en France…

1 la présentation d'ensemble

• *Pensez dès maintenant à la présentation de vos pages :* le nombre de lignes (pas trop !), la place pour des images ou pour des « encadrés » (des petites informations particulières ou des anecdotes que vous placerez dans des cadres à certains endroits du texte). Cela vous aidera ensuite pour rédiger le contenu.
• *Comment allez-vous vous adresser à vos lecteurs ?* Vous allez plutôt utiliser le tutoiement : dans un guide, on parle en général à une personne particulière, et non à plusieurs.
• *Votre guide ne doit pas être trop long.* Si vous habitez dans un grand pays, limitez-vous plutôt à un guide de votre ville et de votre région.

2 la « quatrième de couverture »

• C'est le « dos » du livre. En général, on y place un texte de quelques lignes pour expliquer à quoi sert le guide, pour qui il est écrit et donner envie de visiter : trouvez quelques formules frappantes sur votre pays ou votre région – et n'oubliez pas de souhaiter la bienvenue au lecteur ! Vous pouvez aussi ajouter un petit encadré pour présenter les auteurs : vous et votre classe.

3 votre premier chapitre

C'est celui qu'on lit quand on n'est pas encore parti, ou quand on vient juste d'arriver. Vous y mettrez en principe :
• *une petite présentation d'ensemble de votre pays ou de votre région :* sa taille, le nombre d'habitants, quelques informations géographiques… Vous pouvez mettre les informations plus « techniques »
dans un encadré (voir leçon 1, p. 14) et ajouter un petit paragraphe pour mettre en valeur quelques caractéristiques, bien connues ou moins connues.
• *des informations pratiques :*
– Comment y venir ? Comment s'y déplacer ? Quels sont les moyens de transport les plus pratiques ? Y a-t-il des prix ou des formules spéciales pour les jeunes de votre âge ?
– Quel document faut-il avoir avec soi (passeport, visa…) ? Quelle monnaie utilise-t-on (expliquez comment on compte par rapport au franc français !) ?
– Dans quelle(s) langue(s) communique-t-on habituellement ? Vous pouvez ajouter un petit lexique des mots et des phrases les plus courants, qui peuvent aider un étranger dans la rue, dans les magasins, dans les transports…

UNITÉ 2

Meilleurs vœux

Marion : J'ai reçu une carte de Julien !

Hugo : Une carte de Finlande ? Montre-moi. Dis donc, c'est beau ce paysage… Il ne doit pas s'ennuyer là-bas !

Martin : Et qu'est-ce qu'il dit ?

Marion : Il dit qu'il va bien, qu'il s'est habitué à l'hiver, qu'il en profite pour faire du ski, et qu'il a même vu une aurore boréale en Laponie.

Hugo : Et si on lui écrivait nous aussi, pour le Nouvel An ?

Martin : Une carte de vœux ? C'est banal.

Marion : Pas forcément : ça dépend des vœux qu'on fait !

Cher Julien,

Nous nous sommes tous réunis pour t'écrire. On ne va pas te dire « bonne année, bonne santé » ; ça c'est pour les parents. Nous on veut te souhaiter des choses extraordinaires : Hugo espère qu'un grand producteur de disques te remarquera. Martin pense que tu tourneras dans un film d'espionnage avec Claudia Schiffer, et moi, je suis sûre que tu auras le 1er prix d'interprétation dans un concours de saxo.

Surtout, surtout, on espère tous que tu seras bientôt avec nous !

Bises

Marion

On s'entraîne

le futur (1)

être	avoir	-er
je serai	j'aurai	je tournerai
tu seras	tu auras	tu tourneras
il/elle sera	il/elle aura	il/elle tournera
nous serons	nous aurons	nous tournerons
vous serez	vous aurez	vous tournerez
ils/elles seront	ils/elles auront	ils/elles tourneront

futur ou futur proche ?

• Le futur s'emploie pour parler d'un événement à venir, proche ou lointain.
• Le futur proche s'emploie pour un événement proche, ou dont on est sûr.

1. Tu seras bientôt avec nous.

a. Observez.
• Quand j'aurai le temps, je lui téléphonerai.
• Bon, d'accord, je vais lui téléphoner.

b. Écoutez et dites si l'on parle d'un événement futur ou passé.

	1	2	3	4	5	6	7	8
futur	✓		✓	✓				
passé		✓	✓			✓		✓

c. Projets pour les vacances.
- Voyager à l'étranger.
- Rester au bord de la mer, se reposer.
- Rencontrer de nouveaux amis.
- Être en pleine forme, trouver la vie belle.
- Ne pas avoir envie de rentrer.

➤ *Faites parler une personne : « Je voyagerai… »*
➤ *Faites parler deux personnes : « Nous… »*
➤ *Donnez des conseils à un ami : « Tu voyageras… »*
➤ *Donnez des conseils à deux amis : « Vous… »*

2. Il dit qu'il va bien.

a. Observez.

Je vous téléphone pour vous dire que je vous ai envoyé un fax. Euh… dans ce fax, je vous dis que je n'ai pas le temps de vous écrire mais que je vous téléphonerai…

b. Que dit Cécile dans sa lettre ?
« Je n'aime pas Paris. Je préférais Nantes parce qu'il y avait la mer. Je déteste me promener en ville, et mes copines me manquent. Heureusement, Valérie va venir bientôt à Paris, et nous parlerons de Nantes ! »
➤ Cécile dit…

3. Cartes de vœux.

Observez ces cartes de vœux.
– À quelle circonstance correspond chacune d'entre elles ?
– Combien voyez-vous de manières différentes pour exprimer des vœux ? En connaissez-vous d'autres ?
– Quel est l'adjectif le plus utilisé ?
– Comparez avec les expressions et les tournures utilisées dans votre pays.

■ *Un de vos amis va partir en France pour un an avec sa famille.*
Avant son départ, vous lui écrivez pour :
– lui souhaiter un bon voyage et une bonne installation ;
– lui dire tout ce que vous espérez pour lui pendant cette année ;
– lui rapporter les paroles d'un autre ami, qui vit déjà à Paris et qui apprécie beaucoup la ville.

la proposition complétive

- **On utilise « que » :**
– pour rapporter les paroles de quelqu'un, avec le verbe « dire » :
Il dit qu'il va bien.
– pour exprimer une pensée, un espoir, etc., avec les verbes « penser », « croire », « savoir », « être sûr(e) », « espérer »…
J'espère que tu tourneras dans un film.

- **Attention aux transformations nécessaires !**
« **Je vais** bien et **je me suis** habitué… »
➤ *Il dit qu'**il va** bien et qu'**il s'est** habitué…*

Bonne et heureuse année 1999 !

… AVEC MES MEILLEURS VŒUX POUR CETTE NOUVELLE ANNÉE.

Tous mes vœux pour…

Joyeux anniversaire !

Je vous souhaite une année 1999 pleine de bonheur et de succès.

Bonne fête !

La SNCF vous présente ses meilleurs vœux.

JOYEUX NOËL !

Horoscope

votre horoscope pour l'année à venir

LION
23 juillet - 22 août

• L'année qui vient sera importante pour vous et riche en expériences nouvelles. Vous changerez de ville et de pays ; vous irez dans un pays froid. Ce sera difficile au début, mais vous vous habituerez. Vous commencerez de nouvelles études et vous vous ferez de nouveaux amis. Un conseil : ne vous repliez pas sur vous-même. Allez vers les autres, apprenez la langue du pays, vous ne le regretterez pas.

• Santé : prenez garde au changement de climat. Habillez-vous chaudement et évitez les journées de ski trop prolongées.
Prenez toutes ces précautions et vous n'aurez pas de problèmes !

L'ami : Alors, cet horoscope ?
Julien : Extraordinaire ! Ils ont vraiment tout prévu.
L'ami : Ah bon ?
Julien : Oui, le seul problème, c'est qu'ils ont un an de retard.

On s'entraîne

pour avertir/mettre en garde

• On utilise en général des expressions comme :
Prends garde (à)   *Fais gaffe (à)* (familier)
(Fais) attention (à)   *Je te préviens...*
Sois prudent   *Méfie-toi (de)*

• Mais on peut aussi utiliser :
– l'impératif : *Regarde avant de traverser !*
– le futur : *Tu regarderas avant de traverser.*
– une simple information : *Vous n'avez pas la priorité.*

1. Prenez garde au changement de climat.

a. Observez.
• *Méfiez-vous de lui.*
• **Soyez prudent : il neige.**
• **Vitesse limitée 60 km/heure.**
• *Je vous préviens, je danse très mal.*
• *Fais gaffe, il mord !*
• ATTENTION À LA MARCHE !

b. Dans quelle(s) situation(s) peut-on lire ou entendre ces phrases ? Pour chacune d'elles, trouvez une autre manière de dire la même chose.

2. Dans un mois, je prendrai des vacances.

a. Observez

> **BONNES RÉSOLUTIONS.**
> • Demain matin, je ferai les courses
> • Demain après-midi, j'irai faire du sport dans un club.
> • La semaine prochaine, je finirai le roman que j'ai commencé.
> • Et dans un mois, je prendrai des vacances. Je pourrai enfin me reposer !

b. Laetitia commente son emploi du temps
(nous sommes vendredi, 9 h).
Exemple : Aujourd'hui, j'écrirai à Eva.

– vendredi : écrire à Eva,
18 h, tennis avec Marie.

– samedi : matin, promener le chien,
19 h, cinéma.

– dimanche : excursion à Fontainebleau,
soir, faire exercices pour lundi.

– mardi : 20 h, boum chez Carole.

– jeudi ⇨ mardi, vacances !

aller	venir	faire	pouvoir
j'irai	je viendrai	je ferai	je pourrai
tu iras	tu viendras	tu feras	tu pourras
il / elle ira	il / elle viendra	il / elle fera	il / elle pourra
nous irons	nous viendrons	nous ferons	nous pourrons
vous irez	vous viendrez	vous ferez	vous pourrez
ils / elles iront	ils / elles viendront	ils / elles feront	ils / elles pourront

à vous !

■ Vous êtes voyant(e). Un(e) client(e) vient vous consulter pour connaître son avenir :
– vous lui prédisez des événements, proches et lointains, dans tous les domaines importants (santé, travail, voyages, rencontres, sentiments...) ;
– vous le/la mettez en garde sur certains points.
Jouez la scène.

---

le futur (2)

Pour situer dans le futur : quelques compléments de temps.

Je ferai cela...

• **moment précis :** *ce soir*
cet après-midi
demain / demain après-midi
après-demain
lundi
la semaine
le mois } *prochain(e)*
l'année

• **délai :** *dans une heure*
dans trois semaines
pour Noël
d'ici Noël

verbes en **-ir**	verbes en **-re**
je finirai	je prendrai
tu finiras	tu prendras
il / elle finira	il / elle prendra
nous finirons	nous prendrons
vous finirez	vous prendrez
ils / elles finiront	ils / elles prendront

> Mon horoscope m'a conseillé d'apprendre les langues étrangères. Mais je ne suis pas très doué pour ça. Heureusement, j'ai trouvé une méthode pour grands voyageurs : dans un an, je pourrai dire bonjour en 117 langues.

Fêtes de France...

Les fêtes religieuses

Ce sont les plus anciennes, et on les retrouve dans tous les pays de tradition chrétienne : *Noël* et *Pâques*, évidemment, mais aussi beaucoup d'autres : la *Pentecôte* (le septième dimanche après Pâques), le jeudi de l'*Ascension* (40 jours après Pâques), la *Toussaint* ou « Fête des Morts » (1er novembre)...

Souvent, ce sont aussi des fêtes familiales, où l'on se retrouve autour d'un bon repas.

Les fêtes nationales

Elles fêtent des événements importants dans l'histoire du pays : le *11 novembre* (fin de la Première Guerre mondiale, 1918), la fête de l'*Armistice*, le *8 mai* (fin de la Seconde Guerre mondiale, 1945), et bien sûr le *14 juillet*, qui est la grande fête nationale française.

Les autres fêtes

Il y a des fêtes très anciennes, comme la *Saint-Valentin* (fête des

amoureux, le 14 février) ou le *réveillon du jour de l'An* (nuit de la Saint-Sylvestre), et d'autres plus récentes : la *fête des Mères* (dernier dimanche de mai), où le père et les enfants offrent des cadeaux à la mère de famille ; la *fête du Travail* (le 1er mai) qui existe dans de très nombreux

pays ; la *fête des Pères*, etc. Et il ne faut pas oublier que chaque région, chaque ville, chaque village a aussi ses fêtes !

Traditions des jours de fête

À *Noël*, on offre des cadeaux, mais c'est le Père Noël qui les apporte et les dépose sous le sapin de Noël, à côté des chaussures des enfants. Pourquoi un sapin ? Parce que le Père Noël a sa maison à Rovaniemi, en Finlande, dans les grandes forêts du Nord.
À *Pâques*, les enfants vont chercher dans le jardin les œufs en chocolat ou en sucre que les cloches ont apportés de Rome.
Pendant le *réveillon du jour de l'An*, on s'embrasse sous le gui, à minuit.
Le *1er avril*, il faut mettre en cachette un poisson en papier

dans le dos de quelqu'un ; mais on peut aussi raconter de fausses nouvelles et faire beaucoup d'autres farces (même dans les journaux ou à la télé).

Une fête ancienne ou nouvelle ?

Pendant toute la nuit du 21 au 22 juin, les rues des villes et des

villages de France sont pleines de musiciens, de groupes, de chanteurs amateurs ou professionnels : c'est la *fête de la Musique*, créée par le ministre de la Culture, Jack Lang, en 1982. Le 21 juin, c'est aussi la première nuit de l'été et la plus courte de l'année : une très ancienne fête qui existait déjà dans l'Antiquité et qui est encore très vivante dans beaucoup de pays d'Europe (par exemple en Europe du Nord) et dans certaines régions de France.

■ Quelles fêtes symbolisent ces quatre objets ?

a. Laquelle de ces fêtes est une fête religieuse ?
❏ la Saint-Sylvestre ❏ la Pentecôte ❏ le 8 mai

b. Laquelle de ces fêtes n'est pas une fête religieuse ?
❏ la Saint-Valentin ❏ la Toussaint ❏ l'Ascension

c. Quel jour peut-on faire des farces ?
❏ le jour de l'An ❏ le 1er avril ❏ le jour de Noël

■ Vrai, faux, on ne sait pas ? Répondez.
• Le Père Noël vient d'Europe du Nord.
• Il n'y a pas de fête des Pères en France.
• La Saint-Jean et la fête de la Musique sont à la même date.
• Le 11 novembre, on fête la fin de la Seconde Guerre mondiale.

■ Écoutez les phrases enregistrées :
dans quelle occasion pourriez-vous
entendre chacune d'entre elles ?

	1	2	3	4	5	6	7
Fête de la Musique			✓				
Fête des Mères				✓			
14 juillet							✓
Pâques		✓			✓		
Noël	✓						
Jour de l'An	✓						
Saint-Valentin						✓	

■ Savez-vous quel événement historique
on fête le 14 juillet en France ?

■ Quelles sont les fêtes françaises qui
existent aussi dans votre pays ? Y a-t-il
des coutumes particulières ? Décrivez-les.
Y a-t-il des fêtes qui existent seulement
chez vous, ou seulement en France ?

Anniversaires

En France, les traditions sont parfois compliquées :
par exemple, il ne faut pas oublier les anniversaires
– mais on ne doit pas rappeler son âge à un adulte,
surtout une femme. Alors, comment faire, et que
doit-on dire ?

■ Que pensez-vous de cette solution ?
Pouvez-vous en proposer une autre ?

Partir aux sports d'hiver

« Il neige depuis hier soir sur tout l'est de la France, et en particulier sur les stations de sports d'hiver des Alpes. Nous conseillons la prudence sur les routes, où les automobilistes seront nombreux demain, jour de départ en vacances.
Les chutes de neige continueront pendant tout le weed-end et jusqu'à lundi après-midi, puis le soleil reviendra, mais les températures resteront basses sur l'ensemble du pays, de − 2° à + 4° en moyenne. »

Cécile : Chic, on va avoir de la neige !

La mère : Oui, mais avant, on va aussi avoir les embouteillages.

Laetitia : On part quand même en voiture, j'espère ? Pour Figaro, la voiture c'est plus pratique.

Le père : Comment ça, Figaro ? Pas question de l'emmener ! La gardienne veut bien s'occuper de lui.

Laetitia : Alors, elle s'occupera de moi aussi. Je refuse de partir sans Figaro !

Le père : C'est ce qu'on verra !

On s'entraîne

« depuis » / « pendant »

On utilise :
• « pendant » + passé composé pour indiquer la durée d'une action passée.
• « depuis » + présent pour indiquer une action qui a commencé dans le passé et qui dure encore.

1. Il neige depuis hier soir.

a. Observez.
L'an dernier je suis allée aux sports d'hiver. J'ai fait du ski pendant une semaine. Depuis ce moment-là, j'adore la montagne et la neige.

b. Dites la même chose en utilisant « depuis », « pendant » (nous sommes en l'an 2000).
Hélène a joué de la guitare de 1990 à 1992 ➤ …
Elle a commencé le piano en 1996. ➤ …
Elle a arrêté de jouer du violon en 1998. ➤ …
Elle continue à jouer du saxo
(elle a commencé en 1998). ➤ …

2. Les températures resteront basses.

a. Quel temps fait-il aujourd'hui sur la France ?
b. Quel temps fera-t-il demain ?

Aujourd'hui

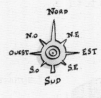

Demain

3. Pas question de l'emmener !

a. Observez les différentes manières d'exprimer
le refus.
b. Exprimez et justifiez votre refus
dans les situations suivantes :
– un ami veut vous confier ses trois chats
pendant le week-end ;
– quelqu'un essaie de passer devant vous
dans une file d'attente ;
– on veut vous interroger pour un sondage ;
– un ami vous propose d'aller au cinéma ;
– un inconnu vous demande 100 F dans la rue.

> Garder
> votre animal
> pendant les vacances ?
> Vous n'y pensez pas !

à **vous** !

■ C'est l'été. Vous préparez une promenade
en montagne pour la semaine suivante.
a. Le dimanche, vous écoutez la radio pour connaître
les prévisions météo de la semaine. Complétez
le tableau en cochant les cases.
b. Un ami essaie de vous convaincre de partir en
promenade… le jour où le temps est le plus mauvais.
Vous refusez en expliquant pourquoi. Jouez la scène.

	lundi	mardi	mercredi	jeudi	vendredi
☀		✓	✓		
🌥	✓				✓
🌧		✓		✓	
❄				✓	

Sur la route

Samedi, 10 h

« Les Parisiens sont nombreux à quitter la capitale vers les stations de ski. Mais ceux qui voulaient partir en train devront trouver une autre solution, car la grève des conducteurs se poursuit. On prévoit à peine un train sur quatre au départ de Paris aujourd'hui. »

Le père : *Tu vois, heureusement qu'on est partis en voiture et qu'on s'est levés tôt !*

Samedi, 12 h

La mère : *C'est bien, la voiture... On a fait 500 mètres en vingt minutes.*

Cécile : *J'aimerais bien m'arrêter pour manger.*

Laetitia : *Et puis ce serait bien de sortir Figaro. Il doit avoir chaud.*

Le père : *Figaro ? Qu'est-ce que tu racontes ? Il est à la maison.*

Laetitia : *Mais non. Je ne pouvais pas le laisser seul, c'était trop triste. Alors, je l'ai caché dans le coffre, dans le sac à provisions... enfin, à la place des provisions.*

« Un accident s'est produit vers 11 h 30 sur l'autoroute A6 à l'entrée de Lyon. Un camion a heurté un automobiliste qui roulait en sens inverse. La circulation est actuellement bloquée : il y a déjà 15 km de bouchon. »

On s'entraîne

l'imparfait et le passé composé dans le récit

• Le passé composé exprime un événement ou une action bien délimités dans le temps :
Hier soir, j'ai regardé la télé puis je me suis couché.

• L'imparfait exprime :
– une activité en cours à un moment du passé :
  – *Que faisiez-vous hier soir à 8 h ?*
  – *Je regardais la télévision.*
– les circonstances d'un événement ou d'une action passés :
Quand je suis arrivé, il faisait beau.

1. Un camion a heurté une automobile qui roulait en sens inverse.

• Mettez le récit ci-dessous au passé.
Il fait beau. Je me promène sur le boulevard Saint-Michel. Une grosse voiture américaine est arrêtée au feu. Un homme descend. C'est bizarre, j'ai l'impression que je le connais. Il me demande l'heure. Je regarde ma montre et je lui réponds. Il me dit merci et il s'en va. À ce moment-là, je le reconnais : c'est Harrison Ford ! Je veux lui demander un autographe, mais trop tard : il est déjà parti.

➤ « Hier, il m'est arrivé une chose extraordinaire :... »

2. Ce serait bien de sortir Figaro.

a. Observez.

Si possible, j'aimerais avoir une place près de la fenêtre... et dans le sens de la marche, ça serait bien !

Ah, vous pourriez me dire l'heure ?

Je voudrais changer une réservation...

Et est-ce que vous auriez la monnaie de 100 F, pour prendre un Coca au distributeur ?

... plutôt en pièces de 5 F, ce serait sympa.

b. Reformulez ces phrases de manière plus polie.
– Tu n'as pas 100 F à me prêter ? ➤…
– Montrez-moi ce pull, je veux l'essayer. ➤…
– Passez me voir dans mon bureau à 10 heures. ➤…
– On s'arrête ? J'ai faim. ➤…
– Je veux le stylo, là, à droite. ➤…

à vous !

■ Hold-up à Paris.
Vous êtes journaliste et vous devez faire un petit article pour raconter ce fait divers.
• Vous résumez l'événement en une phrase.
• Vous présentez les circonstances et le déroulement du hold-up.

---

le conditionnel présent

• **Il se forme avec -r- comme le futur, mais les terminaisons sont différentes.**

– verbes en **-er** :
j'aimer**ais**   nous aimer**ions**
tu aimer**ais**   vous aimer**iez**
il/elle aimer**ait**   ils/elles aimer**aient**

– verbes en **-ir** : *je partirais*

– verbes en **-re** : *je prendrais*

– **être** : *je serais*
– **avoir** : *j'aurais*
– **aller** : *j'irais*
– **venir** : *je viendrais*
– **pouvoir** : *je pourrais*

• **Il exprime :**
– **une demande polie** : *J'aimerais...,*
Je voudrais...
– **une proposition polie** : *Ce serait bien de...*

Partir...

Qu'en pensez-vous... et qu'en pensent-ils ?

C'est à cette heure-ci que tu rentres ?

Philippe, 14 ans

C'est vrai, à notre âge, les parents pensent qu'on est un peu jeunes pour partir seuls. Mais il y a des solutions, par exemple les voyages avec le lycée, ou les stages d'été. Moi, je suis parti deux fois en classe de neige dans les Alpes, et j'ai aussi fait un voyage en Grèce avec mon lycée. C'était super : j'étais tout le temps avec des jeunes de mon âge, on pouvait parler ensemble des choses qu'on découvrait. Mais tout était organisé, alors nos parents ne s'inquiétaient pas !

Aurélien, 15 ans

Je pars toujours en vacances avec mes parents. Je ne m'ennuie pas vraiment, pourtant j'aimerais partir de temps en temps avec des copains, voir des gens et des endroits différents – mais avec mes parents, ce n'est pas la peine d'y penser. Ils sont toujours très inquiets, ils pensent que s'ils ne sont pas là, je ne pourrai pas me débrouiller seul... Déjà, quand je vais au cinéma le soir avec des amis, ils trouvent toujours que je rentre trop tard, alors, pour les vacances...

■ 1. Dites qui...	Aurélien	Philippe	Stéphanie	Morgane	Personne
a toujours passé ses vacances en famille					
voudrait passer des vacances différentes					
a fait un voyage entièrement seul(e)					
a déjà voyagé à l'étranger					

■ 2. Vrai ou faux (si on ne peut pas savoir, répondez « ? »).	VRAI	FAUX	?
Aurélien n'a pas de frères et sœurs.			✓
Morgane passe toujours ses vacances au même endroit.		✓	
Philippe est allé au ski sans ses parents.	✓		
Stéphanie a fait un voyage en Finlande.			

sans sa famille !

Stéphanie, 16 ans

Moi, j'ai fait une grande expérience : mes parents m'ont laissée partir seule (enfin, pas seule, on était trois copains) avec la carte Inter-rail, au mois de juillet. On est allés en Norvège, jusqu'au bord de l'océan Arctique. Ça n'a pas été toujours facile : d'abord, là-bas il y a peu de lignes de train, à cause des montagnes. On a dû faire du stop, et dans le Grand Nord, il n'y a pas non plus beaucoup de voitures qui passent... On n'a pas pensé au froid, et on a dépensé presque tout notre argent pour acheter des vêtements chauds. On n'a pas vu le soleil de minuit, parce qu'il pleuvait tout le temps... Bon, à la fin, on était contents de rentrer à la maison, mais quand même, c'était chouette. On a appris à vivre !

Morgane, 14 ans

Moi aussi je passe mes vacances en famille, et pour l'instant, je n'ai pas envie de les passer autrement. Mais c'est un peu spécial parce que... nous sommes une très grande famille. J'ai sept frères et sœurs, et des dizaines de cousins. Alors, les vacances, c'est d'abord le plaisir de se retrouver ensemble, chez les uns ou chez les autres. Nous sommes tous différents et nous avons des milliers de choses à nous raconter !

■ **3. Quel titre conviendrait à chacun de ces témoignages ?**

	Aurélien	Philippe	Stéphanie	Morgane
1. Les voyages forment la jeunesse !		✓	✓	
2. Plus on est nombreux, plus on s'amuse.				✓
3. Je suis content et mes parents aussi.		✓		
4. Laissez-moi vivre ma vie...	✓			

■ **4. Imaginez la petite carte que Stéphanie écrit à ses parents pendant son voyage (elle donne des nouvelles, elle parle un peu de son expérience, mais elle ne veut pas les inquiéter).**

Vous avez envie de voyager seul. Vous êtes mineur et vos parents, bien sûr, ne sont pas d'accord. Il vous reste à les convaincre que partir sans eux, c'est bon pour votre sens des responsabilités, ça vous apprend à vous débrouiller, à vivre avec les autres... Bref, c'est une école de la vie. Et ces arguments seront encore plus efficaces si vous leur dites que vous allez améliorer votre connaissance d'une langue étrangère.

Ouf ! Ils sont d'accord, mais ils ont choisi la formule « séjour en famille ».

Ne vous inquiétez pas : rien de mieux pour découvrir un pays et pratiquer une langue sans être distrait par les copains !

Dans ce cas, n'oubliez pas de prendre quelques précautions : apportez un petit cadeau à vos hôtes. Ne pensez pas que vous êtes à l'hôtel : à l'étranger aussi il faut ranger sa chambre, être à l'heure pour les repas, et ne pas trop téléphoner.

Vous avez quitté votre famille, mais vous en avez trouvé une autre !

Seul à l'étranger... dans une famille !

■ **a. Vous voulez partir seul(e).**
a. Quels arguments allez-vous présenter à vos parents ?
b. Quel genre de voyage les parents préfèrent-ils ? Pourquoi à votre avis ?
c. Quelles sont les règles à respecter dans ce cas ?

■ **b. Et vous :**
a. Préférez-vous être seul(e) ou dans votre famille pour passer des vacances ?
b. Si vous partez pour l'étranger, préférez-vous séjourner dans une famille ou en groupe ?

Locations

OFFRE EXCEPTIONNELLE !

❅ ❅ ❅

Val d'Argent (Hautes-Alpes).
Chalet, 5 pers., tt confort,
proximité remonte-pente.
Grand séjour, terrasse,
vue imprenable.
Cuisine entièrement équipée,
télévision, téléphone.

Contact : Euroneige.

On ne devrait jamais faire confiance aux annonces !

Cécile :   Tu vas écrire à l'agence ?
Le père :   Bien sûr. Ils se sont moqués de nous, rien ne correspond
            à l'annonce : le séjour est minuscule, la terrasse fait 30 cm de large...
La mère :   Il y a un remonte-pente à côté mais il ne fonctionne plus
            depuis deux ans.
Laetitia : Et la vue imprenable, c'est sur l'hôtel en face !
Le père :   Dans la cuisine, il n'y a qu'une plaque chauffante, pas de four...
La mère :   ... Pas de cafetière électrique non plus.
Cécile :   Quand on a pris une douche, il n'y a plus d'eau chaude.
Laetitia : Et la télé est en panne.
La mère :   Il vaudrait mieux leur téléphoner tout de suite, tu ne penses pas ?
Le père :   J'ai essayé, mais personne ne répond.

On s'entraîne

pronoms négatifs sujets

• « **Personne... ne** » : *Personne n'est venu.*
• « **Rien... ne** » : *Rien ne fonctionne.*

• « **Personne** » est la négation de
« quelqu'un » (ou de « tout le monde »).
• « **Rien** » est la négation de « quelque
chose » (ou de « tout »).

• Rappel : avec « personne » et « rien »,
on n'utilise *jamais* « pas ».

1. Rien ne correspond.

a. Observez et comparez.
• *Rien ne* fonctionne dans cette maison.
• *Personne n'*a téléphoné aujourd'hui.
• J'ai appelé, mais *personne ne* répond.
Mais :
• Je *n'* ai *rien* trouvé.
• Je *n'* ai vu *personne*

b. Complétez le dialogue. Utilisez à chaque fois « personne » ou « rien ».

– Tout est prêt pour le concert ?
– Non, ...
– Comment ça ? Vous n'avez pas apporté le matériel ?
– Non, ...
– Mais les micros et les amplis fonctionnent ?
– Non, ...
– Les musiciens sont arrivés au moins ?
– Non, ...
– Mais c'est terrible ! Et quelqu'un a prévenu le public ?
– Non, ...

2. On ne devrait jamais faire confiance...

a. Observez.
• Je ne mange jamais dans ce restaurant.
• Vous avez déjà mangé dans ce restaurant ?
– Non, je n'y ai jamais mangé./(Non, jamais)
• Un conseil : ne mangez jamais dans ce restaurant.

b. Voici deux descriptions de lieux.
Dites le contraire en mettant les éléments soulignés à la forme négative.
• Cette petite station, aujourd'hui à la mode, est <u>encore</u> un endroit très agréable. On y <u>trouve</u> des petits restaurants, des commerces bon marché. <u>Tout</u> ou presque est resté comme avant.

• Nous avons <u>déjà</u> parlé de Saint-Tryphon-les-Bains, en Seine-Maritime. La station <u>attire beaucoup</u> de touristes, et <u>tout le monde</u> en parle. Pourtant, la mer y est <u>toujours</u> froide et les activités <u>manquent</u> de variété.

à vous

■ Vous vous êtes inscrit(e) à un séjour linguistique au bord de la mer « dans un endroit merveilleux » (image 1). À l'arrivée, vous constatez que l'endroit ne correspond pas du tout à la publicité (image 2).
Vous n'êtes pas content(e) non plus des cours, de la nourriture et du logement...
Vous écrivez à l'organisme pour vous plaindre (vous dites tout ce qui ne va pas).

①   ②

Un groupe de lycéens bloqué dans la montagne

Les Alpes ont connu une nouvelle série noire avec onze accidents en trois jours, accidents causés le plus souvent par l'imprudence. Le beau temps a en effet encouragé les skieurs à s'écarter des pistes.

Ainsi, aux environs de Chanteneige, dans la région du Val d'Argent, un groupe de lycéens a été bloqué par l'épaisseur de la neige et n'a pu être retrouvé qu'après plusieurs heures de recherche.

Une touriste autrichienne a également dû attendre les secours pendant plus de vingt heures.

Cécile : C'est incroyable, tous les jours les journaux annoncent de nouveaux accidents !

Laetitia : Justement, moi je trouve qu'on devrait les laisser se débrouiller seuls, ces lycéens.

Cécile : Mais enfin, tu n'as pas honte de dire ça !

Laetitia : Ils étaient prévenus. Ils n'avaient qu'à faire attention, ou partir avec un moniteur.

Cécile : Quand Figaro se perd, tu le cherches pendant des heures...

Laetitia : Ce n'est pas pareil. Lui, c'est un chat, il ne lit pas les journaux !

Pardon, monsieur, je crois que je me suis perdu. Vous pouvez m'indiquer le chemin pour le Val d'Argent ?

On s'entraîne

le passif

• **Il se forme avec le verbe « être »** (à tous les temps et à tous les modes) **+ le participe passé.**

• **Le passif indique que le sujet subit l'action. Quand l'acteur de l'action est exprimé, il est précédé de « par ».**

• Le passif existe seulement pour les verbes qui peuvent avoir un complément d'objet direct.

1. Un groupe de lycéens a été bloqué...

a. Observez.

• Alain Resnais présentera son dernier film au festival de Cannes.

➤ Le dernier film d'Alain Resnais sera présenté au festival de Cannes.

• Ton chien m'a mordu !

➤ J'ai été mordu par ton chien !

b. Mettez ces phrases au passif.

– Ce tableau est affreux. Quelqu'un l'a vraiment acheté ?

– J'ai une bonne nouvelle : nous avons retrouvé
votre voiture.

– Dans ce film, Catherine Deneuve joue le rôle principal.

– Ne t'inquiète pas pour ton scooter, on le réparera très vite.

– Dans l'est du pays, la neige bloque encore la circulation.

– Tu n'as pas bien rangé ta chambre !

2. Informations

Écoutez bien ces six informations, puis répondez
aux questions.

a. De quoi est-il question ?

	1	2	3	4	5	6
sport						
politique						
spectacles						
faits divers, société						

b. Où et quand cela est-il arrivé ?
(Si l'on ne sait pas, écrivez « ? »)

	où ?	quand ?
1		
2		
3		
4		
5		
6		

c. Trouvez un titre pour chaque information
(essayez d'utiliser les différentes formes
de titre possibles).

à vous !

■ 1. Avec les mêmes informations, écrivez la lettre de
Jérôme à ses parents (faites des phrases complètes).

■ 2. Écrivez un petit article de journal pour raconter
ce « fait divers », et donnez-lui un titre.

titres de journaux

Ils peuvent prendre plusieurs formes.

• **Une phrase complète (assez courte)
avec un verbe conjugué :**
*La RATP ouvrira en août une nouvelle
ligne de bus.*
*Une nouvelle ligne de bus sera ouverte
en août.*

• **Une phrase au participe passé**
(c'est le passif mais sans le verbe « être ») :
Une nouvelle ligne de bus ouverte en août.

• **Une phrase nominale** (le verbe
est remplacé par un nom qui a le même
sens) :
*Ouverture d'une nouvelle ligne de bus
en août.*

• Les deux dernières formes ne sont pas
toujours possibles. Cela dépend du sens.

TÉLÉGRAMME

N° 698

ATTAQUÉ PAR ÉLÉPHANTS – VOITURE RENVERSÉE –
EMMENÉ HÔPITAL – SORTI HIER –
BAGAGES ET BILLET AVION PERDUS PENDANT TRANSPORT –
ENVOYEZ ARGENT VITE – MERCI
JÉRÔME
BISES

Montagnes

Sur les sommets

Les montagnes de France ne se ressemblent pas : montagnes jeunes aux sommets élevés et couverts de neige, comme les Alpes ou les Pyrénées, montagnes anciennes aux formes rondes, comme le Massif central ou les Vosges... Il y en a pour tous les goûts et pour tous les sports !

Les Alpes
On y trouve le plus haut sommet de France (le mont Blanc, 4 807 m) et les stations de ski les plus célèbres : Chamonix, Megève, Avoriaz... Mais les Alpes ont aussi donné leur nom à un autre sport : l'alpinisme.

Les Pyrénées
Placées entre l'Atlantique et la Méditerranée, entre la France et l'Espagne, les Pyrénées présentent des paysages très variés et une très grande richesse culturelle : châteaux, églises, villes historiques, traditions populaires... Moins touristiques en hiver que les Alpes (elles ne sont pas au centre de l'Europe...), les Pyrénées sont le paradis des randonneurs en été.

Des volcans éteints...
Ce sont ceux du Massif central. Ces vieux volcans ne sont pas très élevés (moins de 2 000 m) mais ils ont gardé leurs formes caractéristiques.

... ou non
On les trouve dans les DOM-TOM*, comme le célèbre Piton de la Fournaise dans l'île de la Réunion.

* départements et territoires français d'outre-mer.

■ Rédigez un petit article (un paragraphe) pour présenter un paysage montagneux de votre pays, et les activités qu'on peut y faire.

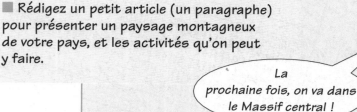

La prochaine fois, on va dans le Massif central !

de France

Les parcs nationaux

Qu'est-ce qu'un parc national ?
C'est un endroit où les paysages, les animaux,
les plantes sont protégés. Les parcs nationaux
sont placés sous le contrôle de l'État
(ministère de l'Environnement).
Le public est accepté, mais il doit respecter
une réglementation très sévère : les visiteurs doivent
comprendre qu'ils entrent dans un endroit spécial,
où ce n'est plus l'homme qui commande mais
la nature.
Les gens qui travaillent dans le parc étudient
la nature et le climat, protègent les animaux
et l'environnement. Ils informent aussi les visiteurs,
les aident à découvrir la nature, organisent
des expositions et des visites guidées (par exemple
pour les classes des lycées).
Il y a 8 500 parcs nationaux dans le monde,
200 en Europe et 7 en France.

Réglementation du parc national

1 Pas de chien, même attaché, pour la tranquillité
des animaux.
2 Pas de camping, pour protéger la beauté du
parc.
3 Vous pouvez manger seulement dans les endroits
indiqués. Ne jetez rien. Gardez la nature propre.
4 Ne cueillez pas les fleurs, ne prenez rien :
les animaux, les plantes et les pierres appartiennent
au paysage.
5 Il est interdit de faire du feu.
6 Ni voiture, ni moto, ni vélo, sauf sur les voies
indiquées. Le parc doit être découvert à pied.
7 Pas de parapente ou autre sport du même type :
pour la tranquillité des oiseaux et des autres
animaux, il est interdit de voler au-dessus du parc.

Respectez cette réglementation, vous éviterez
aux gardiens du parc de vous donner une amende.

■ a. Quelles sont les activités :
• totalement interdites ?
• autorisées seulement dans certaines
conditions ?
b. Que risquez-vous si vous ne respectez
pas les règles ?
■ Dites à quel article du règlement
correspond chacun des panneaux
ci-dessus.

1. le passif

■ *Dites la même chose en utilisant le passif.*

Exemple : On a retrouvé le touriste perdu en montagne.
➤ *Le touriste perdu en montagne a été retrouvé.*

a. J'ai déjà dit tout cela, mais on ne m'a pas écouté.
b. On a vendu 5 000 exemplaires de mon dernier disque.

c. Zola a écrit ce livre en 1868.
d. Dans nos nouveaux programmes, nous n'oublierons pas les jeunes.
e. La troupe Atlantique a joué hier soir la dernière pièce de Cyril Lascaud.

2. le futur

ne plus aller au lycée...
avoir une moto...
faire du cinéma...
se marier avec une star...
être célèbre...
partir à l'étranger...

■ *À quoi rêve-t-il ? Faites-le parler.*
➤ « Quand je serai plus âgé... »

3. les différentes négations : « ne... pas », « ne... plus », « ne... jamais », « personne »...

■ *Dites le contraire, en transformant les éléments soulignés (attention : il faut parfois mettre une négation, et parfois l'enlever !).*

a. <u>Il y a encore des</u> nuages dans le ciel, mais demain le temps <u>va s'améliorer</u>.

b. Comment, il est <u>déjà là</u> ? Mais <u>je n'ai rien préparé</u> pour lui...
c. Avant, <u>tout le monde connaissait</u> ce chanteur ; <u>on entendait toujours</u> ses disques à la radio.
d. <u>Dis-lui</u> de m'appeler, <u>j'ai quelque chose</u> d'important à lui dire.
e. <u>Je ne peux pas</u> rester : <u>quelqu'un m'attend</u>.

4. les compléments de temps : « à », « en », « pendant », « depuis »

■ *Complétez le dialogue.*
– C'est décidé : .... semaine, j'écris un roman.
– Mais on n'écrit pas un roman .... une semaine.
– Mais si. J'y pense .... trois ans, et j'ai tout dans la tête. Alors, il suffit d'écrire 40 pages ....
.... jour .... une semaine, et j'ai un roman de 280 pages, qui sera prêt ....
les concours littéraires de l'automne.

– Et ça parle de quoi ?
– C'est un roman historique. Tout se passe ....
une demi-journée, à Nantes, ... 14 décembre 1962, ... 7 h .... midi.
– Ah ! Et qu'est-ce qui s'est passé à Nantes ....
matin-là ?
– Rien, justement. Comme ça, c'est plus facile à raconter.

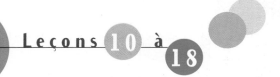

vous savez...

Raconter une histoire au passé

■ a. Racontez comment on vivait dans ce village en 1950, et ce qui est arrivé ensuite.
b. Imaginez le titre de l'article de journal correspondant à l'image n° 3.

Comprendre et exprimer une demande, un refus, une mise en garde

■ Vous allez entendre sept phrases.
Pour chacune d'elles :
a. dites s'il s'agit d'une demande, d'un refus ou d'une mise en garde ;
b. dites si la personne qui parle s'exprime sur un ton poli, ou moins poli.

	Demande	Refus	Mise en garde	Ton poli	Ton moins poli
1					
2					
3					
4					
5					
6					
7					

Exprimer un espoir ou un souhait, faire des vœux

■ Pour le Nouvel An, vous envoyez une petite carte de vœux à un ami qui n'habite plus dans votre ville. Vous exprimez aussi tous vos espoirs pour lui (il est en dernière année de lycée, il fait du théâtre et il aime beaucoup les voyages).

Rapporter les paroles ou les pensées de quelqu'un

« Le temps, qui a été beau toute cette semaine, se dégradera rapidement dimanche. Si vous avez choisi de faire une randonnée en montagne, nous vous conseillons de changer de programme, car vous aurez de la pluie, et même de la neige au-dessus de 2 000 mètres. Nous vous donnerons plus d'informations dans notre prochain communiqué, à 18 h. »

■ Vous appelez un ami qui a décidé de partir en montagne le dimanche et vous lui rapportez le contenu de ce communiqué radio :
« À la radio, ils disent que ... »

votre guide

touristique

projet

UNITÉ 2

Comment guider un jeune Français qui vient d'arriver chez vous ? Qu'est-ce que, selon vous, il ne doit surtout pas manquer ? Cela dépend bien sûr du moment de l'année, de la saison et du temps qu'il peut passer dans votre pays.
Voici quelques rubriques pour vous aider, mais vous pouvez choisir une organisation différente.

1 en ville

• *Choisissez quelques endroits importants,* qui peuvent vraiment donner une image de votre ville : des monuments, mais aussi des endroits plus vivants : des marchés, des rues piétonnes, des quartiers pittoresques…
• *Donnez quelques points de repère :* quels sont les grands quartiers de la ville ? Que peut-on y faire ? Il y a des quartiers où on va plutôt pour visiter des lieux, d'autres pour faire des achats, d'autres pour manger, d'autres pour s'amuser…
• *Donnez quelques informations pratiques :* est-ce que les distances sont importantes ?
Où doit-on s'adresser si on est perdu ? Quelles sont les heures d'ouverture et de fermeture des magasins ? Comment trouver la gare, la poste… ?
• *Donnez quelques conseils pour s'organiser* si on a très peu de temps pour visiter votre ville (un jour ou deux). Que faire, et dans quel ordre ?

2 en dehors des villes

Proposez quelques activités, en fonction des saisons :
• *pour ceux qui aiment la nature :* quelles promenades peut-on faire ? Où ? Y a-t-il des parcs naturels ? Où trouve-t-on les plus beaux paysages ?
• *pour ceux qui aiment les sports* (ski, voile, vélo…) ;
• *pour ceux qui préfèrent se reposer* dans des endroits tranquilles, ou au contraire dans des endroits très touristiques ;
• *pour ceux qui aiment les endroits typiques* (petits villages…).

3 usages, traditions et fêtes

Présentez les fêtes les plus caractéristiques de votre pays, les « grands moments de l'année ».
À quoi correspondent-ils ? Que fait-on ce jour-là ? Y a-t-il des traditions liées à des endroits particuliers ?
Conseils :
• *N'essayez pas de parler de tout,* choisissez ce qui peut être le plus intéressant pour des jeunes comme vous – même si tous les jeunes n'ont pas les mêmes goûts !
• *Prévoyez de petits « encadrés »* qui rendront votre texte plus vivant. Dans un encadré, vous pouvez présenter par exemple :
– une petite explication historique (par exemple sur un événement particulièrement important), ou une anecdote.
– une activité caractéristique (un sport, un jeu, une musique, une tradition…) :
– une personnalité bien connue (d'aujourd'hui ou du passé).

UNITÉ 3

Lendemains de vacances

Adeline :	Ça alors, qu'est-ce qui t'est arrivé ?
Cécile :	Je me suis foulé la cheville au ski.
Laetitia :	C'est de sa faute, elle skiait en dehors des pistes.
Adeline :	Ça te fait mal ?
Cécile :	Un peu. Le médecin m'a donné des comprimés et une pommade.
Adeline :	Et tu peux te lever ?
Cécile :	Non, il faut que je sois prudente et que je reste allongée pendant plusieurs jours.
Adeline :	Alors, tu vas pouvoir te reposer. Quelle chance !
Laetitia :	D'ailleurs elle a déjà un peu grossi, tu ne trouves pas ?

POMMADE MAXICALM

• Appliquer Maxicalm sur les endroits douloureux.
• Masser légèrement.
• Laisser agir quelques minutes, puis renouveler l'application si nécessaire.

• Ne pas utiliser pendant plus de 10 jours.

On s'entraîne

il faut que + subjonctif

• **Obligation générale :** *il faut* + infinitif.
• **Obligation personnelle :**
– *je dois, tu dois...* + infinitif.
– *il faut que je..., que tu...* + subjonctif.

le subjonctif (1)

verbes en -er	être	avoir
(que) je reste	(que) je sois	(que) j'aie
tu restes	tu sois	tu aies
il/elle reste	il/elle soit	il/elle ait
nous restions	nous soyons	nous ayons
vous restiez	vous soyez	vous ayez
ils/elles restent	ils/elles soient	ils/elles aient

1. Il faut que je sois prudente.

a. Observez.
• En voiture, il faut être prudent.
• En voiture, tu dois être prudent.
• En voiture, il faut que tu sois prudent.

b. Transformez en utilisant « il faut que ».
– Vous devez toujours avoir une pièce d'identité sur vous.
– Demain, tout le monde doit être là à 8 heures.
– Ils doivent se reposer.
– Nous devons être prudents.

c. Vous êtes pharmacien. Vous expliquez le mode d'emploi de la pommade « Maxicalm » :
– à un ami (« tu ») ;
– à un client (« vous »).
Utilisez « il faut que »/« il ne faut pas que ».

2. Ça te fait mal ?

a. Observez le tableau ci-contre.

b. Où ont-ils mal ? Imaginez ce qu'ils peuvent dire.

3. Je me suis foulé la cheville.

a. Observez.

- • Elle s'est lev**ée** très tôt.
- • Ils se sont mari**és** cet été.

mais • Elle s'est foul**é** la cheville.

b. Laetitia n'a pas voulu aller chez le coiffeur.
Racontez ce qui lui est arrivé.

– se couper les cheveux ;
– se laver la tête ;
– se mettre du shampoing de couleur ;
– se regarder ;
– s'évanouir.

> **Docteur,**
> quand je bois mon café,
> j'ai mal à l'œil droit.

> **Vous**
> enlevez la petite cuillère
> avant de boire ?

la douleur

- • J'ai mal <u>à la</u> cheville, <u>aux</u> yeux, <u>au</u> pied...
- • Je me suis fait mal <u>à la</u> cheville, <u>aux</u> yeux...
- • On ne met jamais le possessif (comparez : « Elle s'est foulé <u>la</u> cheville. »).

- • Expressions et exclamations :

Ça (me) fait mal !	Aïe !
Ça pique !	Ouille !
Ça brûle !	Hou la la !

verbes pronominaux : l'accord du participe

- • En général, le participe s'accorde avec le sujet du verbe pronominal.

- • Exception : le participe ne s'accorde pas si le verbe est suivi d'un complément d'objet direct.
Elle s'est foulé la cheville.

Verbes pronominaux les plus courants pouvant avoir un COD :
– *se laver (les mains, les cheveux...),*
– *se casser, se fouler (le pied, la jambe...),*
– *se couper (les cheveux...),*
– *se mettre (de la pommade...),*
– *s'acheter (une BD, des livres...).*

■ Vous avez eu un petit accident. Vous devez rester au lit... et manquer les cours. Un(e) ami(e) vient vous voir et il/elle vous pose des questions.
• Vous dites ce qui vous est arrivé, comment vous allez, où vous avez mal, ce que vous devez faire et ne pas faire, comment vous devez utiliser les médicaments qu'on vous a donnés, etc.
Vous jouez la scène.

Gymnastique

■ Allongez-vous sur le dos et levez la jambe droite. En respirant lentement, faites de petits mouvements circulaires avec le pied.

Le père :   *Qu'est-ce que tu fais ? Tu apprends à danser ? Avec ta cheville foulée !*

Cécile :   *Mais non, papa, on n'apprend plus à danser aujourd'hui. C'est un exercice de rééducation.*

Le père :   *Ça alors, toi qui détestes la gymnastique...*

Cécile :   *Si je veux guérir, il faut bien que je fasse de l'exercice.*

Le père :   *... Et surtout que tu prennes l'air. Samedi, on part à la campagne.*

Cécile :   *Oh non, pas samedi... ! Il faut que je te dise, samedi je suis invitée à une boum.*

Le père :   *C'est bien ce que je disais : tout ça, c'est pour aller danser !*

● Debout, rentrez le ventre, pliez les genoux et asseyez-vous sur les talons en levant les bras à l'horizontale.

▲ Couchez-vous sur le ventre et soulevez le corps en tendant les bras. Recouchez-vous en soufflant.

On s'entraîne

le subjonctif (2)

faire	*dire*	*prendre*
(que) je fasse	(que) je dise	(que) je prenne
tu fasses	tu dises	tu prennes
il/elle fasse	il/elle dise	il/elle prenne
nous fassions	nous disions	nous prenions
vous fassiez	vous disiez	vous preniez
ils/elles fassent	ils/elles disent	ils/elles prennent

1. Il faut que je fasse de l'exercice.

Adeline, l'amie de Cécile, prépare la boum. Son frère, Laurent, l'aide. Adeline a noté ce qu'ils doivent faire. Elle lui explique.

– *faire un petit mot pour avertir les voisins* ✗ *moi*
– *prendre de bons CD chez des copains* ✗ *Laurent*
– *acheter des gâteaux et des boissons* ✗ *moi*
– *téléphoner à tous les invités et leur dire que le code de l'entrée a changé* ✗ *tous les deux*

➤ « Il faut que je (tu, nous) ... »

2. Soulevez le corps en tendant les bras.

a. *Observez.*

• Soulevez le corps et tendez les bras en même temps.

➤ Soulevez le corps en tendant les bras.

➤ Tendez les bras en soulevant le corps.

b. *Dites la même chose en utilisant le gérondif.*

– Tu ne peux pas travailler et écouter un CD en même temps.

– C'est dangereux de conduire et de téléphoner en même temps.

– Ne parle pas quand tu manges !

– Prenez ce comprimé quand vous vous couchez.

– Quand je l'ai vu, j'ai tout compris.

– Tourne avec une cuillère et ajoute le sucre.

3. Asseyez-vous sur les talons.

a. *Observez.*

• Tu travailles mieux le matin ? Eh bien, couche-toi tôt ce soir, et lève-toi à 5 heures demain.

• Ne vous asseyez pas sur cette chaise, elle n'est pas solide.

b. *Dites la même chose en utilisant :*
   1. *l'impératif;*
   2. *« Il faut que »* + *subjonctif.*

– Vous devez vous parler plus souvent.

– Tu dois te lever quand on te le demande.

– Et si on se mariait la semaine prochaine ?

– On se retrouve sur Internet, d'accord ?

– Tu es malade, tu devrais te coucher.

---

le gérondif

• **Il est composé de** *en* + **participe présent** (terminaison *-ant*).

• **Il est employé pour exprimer une action qui se produit en même temps qu'une autre action.**

• Verbes en *-er* : *en parlant, en mangeant, en se levant*

faire : *en faisant*
prendre : *en prenant*
dire : *en disant*
voir : *en voyant*

• Le gérondif est **invariable**.

l'impératif des verbes pronominaux

Couche-toi.
Couchons-nous.
Couchez-vous.

• **Forme négative :** *Ne **te** couche pas.*
                    Ne nous couchons pas.
                    Ne vous couchez pas.

Voir aussi conjugaison page 114.

à vous !

■ 1. *Séance de gymnastique à la radio... Écoutez bien la description de chaque exercice, et dites si le personnage le fait bien (sinon, dites ce qui ne va pas).*

■ 2. *Vous avez un(e) ami(e) qui veut maigrir. Vous lui donnez des conseils et vous lui décrivez quelques exercices de gymnastique qui peuvent l'aider.*

Votre santé

ÇA VA MIEUX EN LE DISANT

Chaque semaine, vous nous confiez vos petits problèmes de santé... ou de moral. Notre équipe vous répond.

Tous les étés, je suis jalouse de mes copines : elles n'ont qu'à se mettre au soleil pour bronzer. Moi, je reste toujours aussi blanche, et si j'insiste, je deviens rouge comme une tomate. Tout le monde se moque de moi. J'ai pourtant essayé des dizaines de crèmes... Pouvez-vous me donner un conseil ?

Sandrine

Malheureusement, il n'y a pas de solution idéale. Toutes les peaux sont différentes, certaines bronzent facilement, d'autres pas. Les crèmes ne font pas bronzer : elles empêchent seulement les coups de soleil. D'ailleurs, on sait que rester trop longtemps au soleil est dangereux pour la santé – alors, mieux vaut accepter de rester comme on est. Et puis, les peaux claires reviennent à la mode...

Je ne suis pas très bon en classe, et cette année j'ai beaucoup travaillé pour rattraper mon retard.
Depuis trois semaines, j'ai du mal à me concentrer, je ne dors pas bien et j'ai souvent mal à la tête.
Est-ce que c'est grave ?

Siméon

Non, ce n'est pas très grave – si ça ne dure pas trop longtemps. Tu as trop travaillé et tu as des signes caractéristiques de « stress ». Ne t'inquiète pas, tu n'es pas le seul : 90 % des lycéens disent qu'ils sont fatigués en classe. Tu dois te reposer, faire un peu de sport et ne pas te coucher trop tard le soir. Tu peux aussi prendre des vitamines et du magnésium (mais pas trop ! Demande à ton pharmacien).
Et puis, si tu aimes le chocolat, manges-en un morceau de temps en temps : c'est très bon pour la mémoire et pour le moral !

■ **a. Quel est le problème de Sandrine ?**
❑ Elle ne bronze pas.
❑ Elle bronze trop.
❑ Elle ne supporte pas les crèmes.

b. Quel conseil lui donne le journaliste ?
❑ Utiliser une autre crème.
❑ Ne plus se mettre au soleil.
❑ Accepter d'être moins bronzée que ses copines.

c. Quel est le problème de Siméon ?
Est-ce qu'il est le seul à avoir ce problème ? Est-ce que ce problème existe aussi chez les lycéens de votre pays ?

d. Qu'en pense le journaliste ?
❑ Ce n'est pas grave, ça va passer tout seul.
❑ Ce n'est pas grave, mais il faut prendre des précautions.
❑ Il faut aller voir un médecin.

e. Donnez un autre conseil à Sandrine et à Siméon.

f. Que pensez-vous du dessin ci-dessous ?
Comparez avec ce que le journaliste dit à Siméon.

BONJOUR DOCTEUR
?!
NOBLET

La santé par le sport

La gymnastique est-elle mauvaise pour les jeunes ?

Pour la première fois, les gymnastes de moins de 16 ans ne pourront plus participer aux compétitions de haut niveau : on accuse en effet la gymnastique de demander trop d'efforts aux adolescentes (parfois 30 heures d'entraînement par semaine). On dit que l'entraînement empêche de grandir, mais aussi de faire des études, et que les jeunes championnes n'ont plus de vie possible après la gymnastique, qu'elles arrêtent à 18/19 ans. Plusieurs championnes d'hier et d'aujourd'hui ne sont pas d'accord : *« J'ai préparé un certificat d'aptitude à enseigner la gymnastique en même temps que les jeux Olympiques de Mexico, et j'ai pourtant été reçue première »*, raconte Jacqueline Gaugey, membre de l'équipe de France, classée sixième à Mexico. *« Et puis, la gymnastique n'empêche pas de grandir, elle peut causer un léger retard, mais on le rattrape ensuite. Moi, je mesure 1,71 m. »*

Ingrid Stutz, 23 ans, athlète française de 1987 à 1992 et kinésithérapeute depuis un an, a la même opinion : *« On ne parle jamais des bienfaits de la gymnastique. Pourtant, ce sport améliore la résistance, et on est ensuite plus solide dans les autres activités. »*

D'après *« Les Clés de l'actualité »*.

chez le médecin : quelques expressions utiles

• **Je suis malade.**
Je ne me sens pas bien.
J'ai de la fièvre.
J'ai mal à…
J'ai un(e)… (+ nom de la maladie)

• **On va** *« chez le médecin »*, **mais on lui dit** *« Docteur… »*.

■ a. Ce texte concerne :   ❏ les garçons   ❏ les filles   ❏ les garçons et les filles
b. Aujourd'hui, les jeunes gymnastes arrêtent la compétition à :   ❏ 16 ans
❏ 18/19 ans
❏ 23 ans

c. Quels sont les deux grands reproches que l'on fait à la gymnastique ?
d. Jacqueline Gaugey est-elle d'accord ? Quels sont ses arguments ?
e. Quel est, d'après Ingrid Stutz, l'avantage de la gymnastique ?
f. Qu'en pensez-vous ?

Tout seul !

Allô, bonjour, je voudrais parler à Fabien, s'il vous plaît.

Ah, désolé, il est absent. Je pense qu'il est chez un ami.

Allô, bonjour, c'est Julien. Vous pourriez me passer Isabelle ?

Attendez, je vais voir... Non, apparemment elle n'est pas là. Elle est peut-être au cinéma.

Euh, non... c'est son frère Paavo, euh... je ne parle pas très bien français. Jussi vient juste de sortir. Vous voulez que je prenne un message ?

Allô, Jussi ?

Non, merci, ce n'est pas la peine.

Ce soir, ça ne va vraiment pas. Je n'ai pas de souci particulier, mais je m'ennuie. Je n'ai pas envie de lire, ni de sortir, je n'ai envie de rien. Je sais que c'est absurde, mais je me sens angoissé, et j'ai peur de rester seul. Pourtant d'habitude, j'aime bien la solitude ... Je me trouve stupide, moche et inutile. Je voudrais que mes copains soient là pour me remonter le moral et ils ont tous disparu... Ils préfèrent sans doute voir des gens plus gais, ils en ont assez de ma mauvaise humeur. Bon, j'exagère sûrement mais je me sens abandonné, oui, c'est ça, abandonné ...

On s'entraîne

le subjonctif (3)

• Le subjonctif s'emploie après les verbes exprimant une volonté ou un désir (<u>sauf le verbe « espérer »</u>).

Je souhaite
J'aimerais
Je voudrais } que tu **sois** heureux.
Je préfère
J'ai envie
...

• **Quand le sujet est le même, on emploie l'infinitif :** *J'aimerais* **être** *heureux.*

1. Je voudrais que mes amis soient là !

a. Observez.
• J'aimerais aller au lycée en vélo.
– Je préfère que tu y ailles en bus. Je ne veux pas que tu aies un accident.
• J'aimerais que tu viennes nous voir cet été. J'espère que ce sera possible !

b. Deux élèves discutent de la rentrée. Ils espèrent des changements au lycée. Faites-les parler sur les points suivants (utilisez le verbe entre parenthèses) :
– le nombre d'heures de cours *(je souhaite)* ;
– les nouveaux copains *(je voudrais)* ;
– le caractère des profs *(j'aimerais)* ;
– la cantine *(je voudrais)*.
– les salles de classe *(j'espère)*.

2. Je me sens seul, je me trouve stupide...

a. Vous allez entendre cinq phrases. Dites quel sentiment ou quelle attitude elles expriment.

	1	2	3	4	5
satisfaction					✓
mauvaise humeur			✓		
ennui, désintérêt		✓			
refus	✓				
idées noires				✓	

b. Il voit tout en noir, le docteur le rassure. Faites-les parler.

le subjonctif : aller / venir

aller	*venir*
(que) j'aille	(que) je vienne
tu ailles	tu viennes
il/elle aille	il/elle vienne
nous allions	nous venions
vous alliez	vous veniez
ils/elles aillent	ils/elles viennent

exprimer l'ennui, la mauvaise humeur, les idées noires...

- **Ennui, désintérêt** : *Je m'ennuie.*
  Je n'ai envie de rien.
  Rien ne m'intéresse.
  À quoi bon ?
- **Idées noires** : *Tout va mal.*
  J'ai le cafard.
  Je me trouve stupide, moche, etc.
- **Mauvaise humeur, « ras-le-bol »** :
  J'en ai assez / J'en ai marre (familier).
  Je n'en peux plus.
  Ça n'est plus possible, etc.

- **N'oubliez pas qu'un sentiment particulier peut être exprimé aussi par l'intonation** :
  Ça ne va pas... (ennui, découragement).
  Ça ne va pas... ? (sollicitude, inquiétude).
  Ça ne va pas !? (protestation).

à vous !

■ Vous devez rester seul(e) pour travailler pendant tout le week-end. Vous n'avez pas le moral. Vous écrivez une petite lettre à un(e) ami(e).
Vous dites comment vous vous sentez, vous exprimez vos souhaits et vos regrets.

Surprise !

Le Scrabble

Règle du jeu : Au début du jeu, chaque joueur tire sept lettres, sans les montrer aux autres joueurs. Ensuite, chaque joueur à son tour doit placer un mot sur la grille (comme pour les mots croisés) en essayant de faire le plus de points possible. Les lettres plus rares en français, comme X, W, Q..., rapportent plus de points, et il y a aussi des cases « mot compte double » ou « mot compte triple ». Les mots au pluriel et les verbes conjugués sont autorisés, mais pas les abréviations. ◆

SCRABBLE

Julien :	Ça alors, quelle surprise ! J'ai téléphoné chez vous il y a cinq minutes, et on m'a dit que vous n'étiez pas là.
Fabien :	On était sûrs que tu t'ennuyais...
Isabelle :	On voulait te faire une surprise.
Anja :	On t'a apporté un Scrabble.
Julien :	Super, j'adore le Scrabble !
Jussi :	Et... on joue en français ou en finnois ?
Julien :	Ah non, pas en finnois, moi je ne le parle pas assez bien !
Anja :	Justement, comme ça, tu pourrais faire des progrès !

On s'entraîne

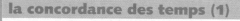

la concordance des temps (1)

• **Si le verbe introducteur** (*dire, penser,* etc.) **est au présent :**
Je te **dis** qu'il **arrive** aujourd'hui.

• **Si le verbe introducteur est au passé :**
Je t'**ai dit** qu'il **arrivait** aujourd'hui.

1. On m'a dit que vous n'étiez pas là.

a. Observez.
• Julien est là ?
– Non, sa mère m'a dit qu'il n'était pas là.

b. Cécile reçoit une lettre de Valérie.
« Chère Cécile,
Je suis en Islande depuis deux jours. C'est vraiment un pays magnifique, et il ne fait pas si froid. Je reste jusqu'en automne, car je veux visiter l'île à pied. »

Cécile raconte à une amie ce que Valérie lui a dit :
➤ « Elle m'a dit que...»

2. On t'a apporté un Scrabble.

Vous allez entendre la description de quatre jeux :
le mahjong, les dames, la réussite, le jeu de l'oie.
Écrivez le nom du jeu sous l'image correspondante.

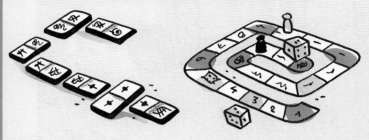

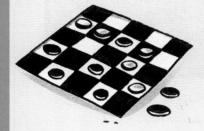

- - - - - - - - - - - - - - - - -   -

- - - - - - - - - - - - - - - - -   -

3. Quelle surprise !

a. Observez les différents moyens d'exprimer
la surprise, l'étonnement.

b. Que diriez-vous dans les situations suivantes ?
– Un ami vous dit qu'il va faire le tour du monde en vélo.
– Un ami que vous n'attendiez pas arrive chez vous.
– Vous êtes sûr(e) d'avoir raté un examen. Pourtant,
vous apprenez que vous avez une très bonne note.

petit lexique des jeux de société

- **On joue _aux_ cartes (au poker, à la belote...),**
    aux échecs,
    au Scrabble,
    au Monopoly...

- **On joue _avec_ des cartes,**
    des pions,
    des jetons,
    des dés...

- **Tirer une carte, lancer les dés.**
  Avancer / reculer un pion d'une case.

- **Le but du jeu c'est... / La règle du jeu c'est...**

- **Gagner, perdre, être éliminé.**

- **Être bon / mauvais joueur, tricher.**

exprimer la surprise, l'étonnement

- **Surprise modérée :**   _Ah bon ?_
    Tiens (donc) !

- **Surprise forte :**   _Ça alors !_
    Quelle surprise !

- **Surprise très forte :** _Je suis stupéfait !_
    Je n'en reviens pas !
    Les bras m'en tombent !
    (familier)

- **Incrédulité :**   _Pas possible !_
    C'est pas vrai ? **(familier)**
    Tu blagues ! **(familier)**

à vous !

■ 1. Décrivez la règle d'un jeu bien connu chez vous
(sans le nommer). Les autres élèves doivent
deviner de quel jeu il s'agit.

■ 2. Scrabble : Dites combien de mots peut faire
chaque joueur, et quel est le mot qui rapportera le
plus de points.

Joueur 1   A¹ R³ K⁶ E¹ J⁵ N¹ S²

Joueur 2   S² T² U⁴ R³ L² Q⁷ I¹

Joueur 3   O¹ A¹ K⁶ U⁴ T² S² F³

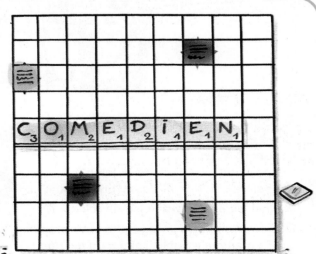

La passion du jeu

Jeux et vidéo

Les jeux vidéo ont bientôt 30 ans

Le premier jeu vidéo a été inventé en 1972. Aujourd'hui, grâce à la télévision, puis à l'ordinateur et au CD-Rom, ils sont présents partout. Et si on a un ordinateur, on peut aussi se connecter à Internet pour découvrir d'autres jeux... et rencontrer d'autres joueurs.

Trois jeux parmi d'autres

1. Fallout

Après une guerre atomique, les hommes se cachent sous terre pour survivre. Vous devrez quitter votre abri pour aller chercher de l'eau, et vous rencontrerez de nombreux dangers. Au début du jeu, chaque joueur reçoit une personnalité différente, qui change la suite des événements.

2. « SPQR »

Devenez un César : vous dirigez une cité romaine et la protégez contre ses ennemis.

3. L'entraîneur 97/98

Vous êtes entraîneur d'une équipe de football. À vous de la conduire à la victoire ! Vous pouvez même organiser des compétitions internationales, sélectionner vos joueurs et choisir vos méthodes de jeu...

■ Lequel de ces jeux choisirez-vous si vous aimez surtout :
• le sport ➤ jeu n° ...
• la politique ou l'histoire ➤ jeu n° ...
• la science-fiction et l'aventure ➤ jeu n° ...

■ Quel jeu est un vrai « jeu de rôles » ?

■ Écrivez un petit paragraphe pour présenter de manière « publicitaire » un jeu que vous connaissez.

Les jeux d'argent

Banco !

En France, il existe plus de quinze jeux de loterie, et un Français sur deux y joue. Le plus célèbre est le Loto (on doit choisir des chiffres sur une grille), mais il y a aussi de nombreux jeux de « grattage » (on doit gratter une case pour découvrir combien on a gagné) : *le Solitaire, le Millionnaire, le Morpion, le Bingo*, etc.

Ces jeux sont sous le contrôle de l'État et, en principe, ils sont interdits aux mineurs, comme tous les jeux d'argent. Pourtant, les moins de 18 ans peuvent aussi acheter des tickets dans les cafés ou les bureaux de tabac – mais s'ils gagnent plus de 100 ou 200 francs, ils doivent venir avec leurs parents pour retirer l'argent !

■ **Et dans votre pays ?**

Que pensent les lycéens de ces jeux ?

Adrien : Je n'en achète pas souvent, mais j'ai déjà gagné 200 francs au Millionnaire. Les tickets, ce sont mes parents qui me les paient.

Michaël : Moi, je ne joue pas, mais c'est vrai que, avec toute cette publicité pour les jeux à la télé, on a envie d'essayer...

Delphine : C'est idiot de dépenser de l'argent dans les jeux, quand il y a des gens qui n'ont rien pour manger.

Joseph : Mon grand-père, il joue tous les jours. Il perd beaucoup d'argent et il ne gagne presque rien. Moi, je ne ferai jamais ça !

Hélène : Moi, j'ai une question à poser : si les jeux d'argent sont interdits aux moins de 18 ans, pourquoi est-ce que les commerçants vendent des tickets aux ados ?

■ **a. Est-ce qu'ils jouent ?**

	Oui	Non	On ne sait pas
Adrien			
Michaël			
Delphine			
Joseph			
Hélène			

b. Qui a déjà gagné quelque chose ?
c. Qui est contre les jeux d'argent ? Pourquoi ?
d. Qui dit quoi ? (Écrivez le ou les prénom(s) correspondant(s))
– « Jouer, ça coûte cher ! »
– « Il faut garder l'argent pour des choses plus utiles. »
– « Je joue, mais pas tout le temps. »
– « La télévision pousse les gens à jouer. »
e. Vous écrivez au journal qui a publié ces témoignages pour donner votre propre opinion sur les jeux d'argent.

Premier amour

Cécile :	J'ai rencontré un garçon !
Adeline :	C'est vrai ? Qui est-ce ?
Cécile :	Un voisin. Il vient d'arriver.
Adeline :	Raconte ! Il est comment ?
Cécile :	Très gentil, et très intelligent.
Adeline :	Et physiquement ?
Cécile :	Très beau, un air un peu mystérieux... Je crois qu'il est blond.
Adeline :	Comment ça, tu crois ?
Cécile :	Ben oui... Je l'ai vu de loin.
Adeline :	Alors, comment sais-tu qu'il est intelligent ?
Cécile :	Oh, toi et tes questions... Je le sais, c'est tout !

Leur premier amour : témoignages

Béatrice, *comédienne*

Mon premier amour, c'était à 14 ans, et il a duré trois ans. J'habitais à Toulouse, et je l'ai rencontré dans une boum.

Ça a été le coup de foudre ! Au début on s'envoyait des petits mots, puis on est sortis ensemble. Avec lui j'ai découvert beaucoup de choses : la musique, la photo, l'art... Mais pour devenir comédienne, je suis allée à Paris. Lui, il est parti faire le tour de l'Europe en moto.

La vie nous a éloignés.

Mais le premier amour, on s'en souvient toujours.

Jonathan, *rappeur*

J'avais 16 ans, elle en avait 15. Elle s'appelait Leila, elle était marocaine. C'était la première fois de ma vie que je tombais amoureux. Elle était douce, gentille, elle avait de grands yeux bruns. J'étais fou d'elle. Quand elle n'était pas là, je pouvais l'attendre toute la journée dans l'escalier de son immeuble. J'étais aussi un peu jaloux, j'avais toujours peur qu'elle s'en aille. Et un jour, elle est partie, mais je ne l'ai pas oubliée.

On s'entraîne

emplois du subjonctif (4)

• **La plupart des verbes exprimant un sentiment se construisent avec le subjonctif :**

J'ai peur
Je regrette
Je suis heureux ⟩ *que + subjonctif*
Je suis triste

...

• **Si le sujet est le même, on emploie « de » + infinitif :**
– *Je suis heureux que tu sois là.*
– **Je** *suis heureux* **d'être** *là.*

1. J'avais toujours peur qu'elle s'en aille.

a. Observez.

Vous dites que vous ne m'aimez pas. Je regrette que vous fassiez cette erreur, et je serais heureux que vous changiez d'avis rapidement.

b. Complétez avec les verbes indiqués.
– Je lui ai écrit, mais j'ai peur qu'il ... (ne pas répondre).
– Je regrette que tu ... ce soir (ne pas venir).
– Il est vraiment triste que je ... (s'en aller).
– Nous sommes heureux que vous ... rester (pouvoir).
– Je regrette que nous ... peu d'amis (avoir).

2. Ça a été le coup de foudre !

a. Le coup de foudre (symptômes) :

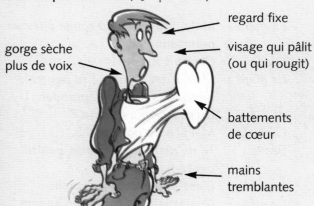

- regard fixe
- visage qui pâlit (ou qui rougit)
- battements de cœur
- mains tremblantes
- gorge sèche plus de voix

b. Écoutez le dialogue entre deux lycéennes et répondez aux questions.

1. Elles parlent d'un garçon qui est : ☐ un ami ☑ un élève ☐ un voisin ☐ un professeur

2. Il est : ☐ brun ☑ blond ☐ on ne sait pas
Il a les yeux : ... *Bleu*

3. Qu'est-ce qu'il porte ? ☐ un pull bleu
☑ un pull rouge
☐ un T-shirt rouge

4. Est-ce qu'elles ont déjà parlé avec lui ? ☐ oui ☑ non
☐ on ne sait pas

5. Quelle est l'attitude des deux filles ?

	indifférente	intéressée	amoureuse
1re			
2e	✓		

6. Qu'est-ce que la deuxième conseille à la première ?
☐ de parler au garçon ☑ de lui écrire ☐ de ne plus y penser

être amoureux

- *Il / elle me plaît.*
  Je le / la trouve sympathique, intéressant(e), attirant(e), séduisant(e).

- *Tomber amoureux (de quelqu'un).*
  Avoir le coup de foudre (pour quelqu'un).

- *Je l'aime un peu*

beaucoup

passionnément

à la folie

Je suis amoureux d'elle / de lui.
Je suis fou d'elle / de lui.
C'est la femme / l'homme de ma vie.

à vous !

■ **1. Ils rêvaient l'un de l'autre, ils se rencontrent !**
a. Imaginez ce que chacun d'eux ressent et ce qu'il pense.
b. Jouez le dialogue.

■ **2. Il/elle écrit à son/sa meilleur(e) ami(e) pour lui raconter ce qui vient de se passer.**

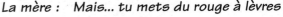

Séduire...

Drague électronique

Philips vient d'inventer une puce électronique « spéciale rencontre », que vous pouvez cacher dans une paire de boucles d'oreilles, un bracelet-montre, un pendentif, etc. Pour la programmer, vous introduisez d'abord la description de votre partenaire idéal(e) (taille, couleur des yeux, cheveux, goûts...), puis la vôtre. Et quand vous croiserez celui ou celle qui vous est destiné(e): Bip, Bip !
Un seul problème : cela marchera... seulement si il ou elle est équipé(e) du même système.

La mère :	Mais... tu mets du rouge à lèvres maintenant ?
Cécile :	Oh, un tout petit peu...
La mère :	Mais c'est le mien ! Tu pourrais quand même me demander... Qu'est-ce qui t'arrive ?
Laetitia :	Moi je sais pourquoi !
Cécile :	Tu ne peux pas te taire, petite peste !
Laetitia :	C'est pour plaire au voisin.
La mère :	Quel voisin ? Il n'y a pas encore de voisin.
Cécile :	Bien sûr que si, je l'ai vu avant-hier.
La mère :	Ah oui, la famille qui est venue visiter l'appartement d'à côté... Mais ils ne l'ont pas pris.

COURRIER DES LECTEURS

Je suis amoureux d'une fille, mais je n'ose pas lui parler. Elle est dans le même lycée que moi, mais dans une autre classe. Je la vois souvent entre les cours, de loin. Comment est-ce que je peux attirer son attention ?
Est-ce que je dois lui écrire ? Je ne sais pas faire de belles phrases : si je lui écris, elle se moquera peut-être de moi. Mais si je n'écris pas, elle ne saura jamais que je l'aime. Donnez-moi un conseil.

Fabrice

On s'entraîne

le pronom possessif

	Singulier	Pluriel
1ʳᵉ pers.	le mien / la mienne le nôtre / la nôtre	les miens / les miennes les nôtres
2ᵉ pers.	le tien / la tienne le vôtre / la vôtre	les tiens / les tiennes les vôtres
3ᵉ pers.	le sien / la sienne le leur / la leur	les siens / les siennes les leurs

1. Mais c'est le mien !

a. Observez.
- Je n'ai pas de stylo. Vous pouvez me prêter le vôtre ?
- Ces livres, ce sont les tiens ou ceux de Cécile ?
- Cette voiture est bien, mais la nôtre est mieux.

b. Complétez avec un pronom possessif.
– Je lui ai donné mon adresse, mais elle ne m'a pas donné ...
– Les résultats de mon frère sont meilleurs que ...
– Nous avons rencontré les Leroy. Leur fils a le même âge que ... mais notre fille est plus jeune que ...
– Ma voiture ? Ah non ! Vous n'avez qu'à prendre ...

2. Si je lui écris, elle se moquera de moi.

a. Observez.

> Elle dit qu'elle viendra… s'il fait beau et si elle n'a rien d'autre à faire. Est-elle vraiment amoureuse de moi ?

exprimer une hypothèse dans le futur

- **L'hypothèse est exprimée par « si » + présent.**
- **Le verbe principal est au futur.**
*Si tu **viens** demain, nous **irons** au cinéma.*
*Je **lirai** ce livre si j'**ai** le temps.*

- **On ne met jamais le futur après « si ».**

- **Ne confondez pas :**
– **« si » + présent** (hypothèse) :
Si tu viens, nous irons au cinéma.
– **« quand » + futur** (fait réel, dans l'avenir) :
Quand tu viendras, nous irons au cinéma.

b. Faites une seule phrase, avec « si »
(utilisez le pronom entre parenthèses).
– passer par Paris / aller voir Cécile *(nous)*
– avoir le temps / apprendre le russe *(je)*
– ne pas être d'accord / le dire *(ils)*
– prendre le métro / arriver plus vite *(vous)*
– pouvoir / acheter une maison *(on)*

c. Complétez les phrases.
– Tu pourras aller au cinéma si …
– Le docteur dit que je pourrai me lever quand …
– Nous irons skier en février si …
– S'il ne fait pas trop froid, …
– Quand j'aurai un scooter, …
– Il nous écrira sûrement, …

à vous !

> Quand tout le monde est équipé du même système, ça ne marche pas non plus…

■ 1. Vous avez lu la lettre de Fabrice dans un journal pour les jeunes. Vous lui écrivez pour le rassurer et lui donner des conseils.

■ 2. Que pensez-vous de la puce « spéciale rencontre » ? Imaginez un autre objet du même genre et présentez-le en quelques lignes.

Romans d'amour

Le roman d'amour est vieux comme le monde, ou presque...
Il existe depuis l'Antiquité grecque.
Les siècles ont passé, le monde a changé, mais les romans d'amour sont toujours là.

Romans d'amour français

... au Moyen Âge

En France, les premiers romans apparaissent au XIIᵉ siècle. Au début, ils sont écrits en vers et ressemblent plutôt à de longs poèmes. Dans ces romans, le chevalier doit vivre de nombreuses épreuves et montrer son courage et sa fidélité pour gagner le cœur de sa « dame ».

... au XVIIᵉ siècle

Madame de La Fayette écrit le premier grand roman d'amour moderne.

Tristan et Yseult

Ils sont – avec Roméo et Juliette – le couple le plus célèbre de la littérature européenne. Leur histoire a inspiré beaucoup de romans et de poèmes, en France mais aussi en Angleterre et en Allemagne.

■ 1. Quels autres couples d'amoureux célèbres connaissez-vous ? Racontez leur histoire.

La Princesse de Clèves

(Madame de La Fayette, 1678)
L'héroïne, mariée avec le prince de Clèves, tombe amoureuse de Monsieur de Nemours, qui l'aime aussi. Elle essaie de résister à cette passion et décide de tout avouer à son mari. Mais les conséquences sont terribles : Monsieur de Clèves meurt de jalousie et de douleur...

■ 2. Pouvez-vous imaginer la fin de l'histoire (ou la raconter, si vous la connaissez) ?

Notez bien :

• En français, on donne un numéro à chaque siècle à partir de sa dernière année :
XVIIᵉ siècle = de 1601 à 1700.
XXᵉ siècle = de 1901 à 2000

... au XVIIIᵉ siècle

L'Abbé Prévost crée le premier personnage de « femme fatale » — un modèle qui aura beaucoup de succès à l'époque romantique.

Manon Lescaut
(l'Abbé Prévost, 1731)
Le chevalier Des Grieux a 17 ans quand il rencontre par hasard Manon, encore plus jeune que lui. Il tombe amoureux fou et abandonne pour elle sa famille et ses études.

... au XIXᵉ siècle

Beaucoup d'auteurs écrivent de grands romans d'amour : Balzac, Chateaubriand, Victor Hugo... Mais ce roman-ci reste peut-être le plus beau.

La Chartreuse de Parme
(Stendhal, 1839)
L'histoire se passe en Italie. Fabrice Del Dongo, jeune homme beau et doué, s'ennuie dans un monde où seuls l'argent et la politique comptent. Il voudrait être amoureux mais croit qu'il est incapable d'aimer. Jusqu'au jour où il rencontre Clélia...

... au XXᵉ siècle

... Y a-t-il encore une place pour les simples histoires d'amour ? Oui, quand même.

Aurélien
(Aragon, 1943)
Lorsque Aurélien rencontre Bérénice, il ne la trouve ni belle ni très intéressante. Et pourtant, de 1918 à 1940, leur amour va traverser toute l'histoire de la France entre les deux grandes guerres.

L'Écume des jours
(Boris Vian, 1947)
Colin aime Chloé et Chloé aime Colin. Ils pourraient vivre heureux.
Mais Chloé tombe malade...
Sur un sujet qui peut sembler banal, Boris Vian crée un univers tendre et amer qui ne ressemble à aucun autre.

■ **3.** Tous ces romans finissent mal. Aragon a écrit :
« Il n'y a pas d'amour heureux. »
Êtes-vous d'accord ?

MADAME MIRZA
VOYANTE EXTRA-LUCIDE

HINKR!

DRiiiiNG

MIRZA
AVENIR

CHÈQUES À PARTIR DE 100F.
CARTES BANCAIRES
RÉSERVATION MINITEL

MOUii?? C'EST POURQUOI?

EUH...JE...J'AI APPELÉ POUR CONNAÎTRE MON AVENIR...

CRA...iiNK

ALORS ALORS... DITES-MOI UN PEU CE QUE VOUS COMPTEZ FAIRE DANS LA VIE, POUR QUE JE PUISSE VÉRIFIER TOUT CELA...

EH BIEN...VOILÀ... J'AIMERAIS ÊTRE AVOCAT, OU ALORS EUH...MINISTRE...

...ET SI J'ARRIVAIS À AVOIR MON BAC, PRÉSIDENT, ÇA ME PLAIRAIT BIEN

HEU...POUR QUE VOUS SOYEZ PRÉSIDENT, IL FAUDRAIT UN PEU CHANGER VOS PROJETS...

AH LÀ LÀ! LES PETITS ENFANTS!

AH BON? ET MÉDECIN, PAR EXEMPLE... VOUS NE VOYEZ PAS UNE SPLENDIDE CARRIÈRE DE MÉDECIN?

HINKR HINKR

ATTENDEZ! SI JE REGARDE DANS LE MARC DE CAFÉ, JE POURRAI PEUT-ÊTRE MIEUX VOUS RÉPONDRE...

MOI-MÊME, IL M'ARRIVE DE ME TROMPER...

ATTENDEZ!...JE FINIS MA PETITE PRÉPARATION, ET...

QU'EST-CE QUE VOUS PRÉPAREZ?

VOUS ALLEZ VOIR!

1. le subjonctif

■ *Réécrivez ces conseils en utilisant « il faut que… ».*
Pour aller au bord de mer, c'est très simple : tu dois prendre le bus 91 et dire au chauffeur de te prévenir quand il arrive à la station « Notre-Dame-des-Flots ». Là, tu dois quitter le bus, aller tout droit jusqu'à une petite église, tourner à droite et prendre un petit escalier, qui descend à la mer. Attention : le soir, tu dois revenir prendre le bus avant 19 h : après, il n'y en a plus !
➤ « Pour aller au bord de mer, c'est très simple, il faut que tu … »

■ *Faites une seule phrase, en commençant par le verbe entre parenthèses. Utilisez le subjonctif lorsque c'est nécessaire.*
Exemple : Téléphone-moi dimanche. *(Je veux)*
➤ *Je veux que tu me téléphones dimanche.*

a. Suzanne ne viendra pas nous voir ce week-end. *(Je regrette)*
b. Je ne peux pas vous louer cet appartement. *(Je suis désolé).*
c. Prenons la petite route, elle est plus jolie. *(Je préférerais)*
d. Nicolas et toi, vous êtes dans la même classe cette année. *(Je suis content)*
e. Tu dois lui dire ça le plus vite possible. *(Je veux)*
f. Ils n'ont pas de guide pour visiter la région. *(C'est triste)*

2. le gérondif

■ *Dites la même chose en utilisant le gérondif (vous pouvez changer l'ordre des mots).*
Exemple : Mange moins et tu maigriras sûrement.
➤ *En mangeant moins, tu maigriras sûrement.*

a. Continuez tout droit et vous arriverez à la gare.
b. Quand j'ai dit ça, j'ai compris tout de suite que c'était une erreur.

c. Si vous allez lui parler, vous trouverez peut-être une solution.
d. Il ne peut pas avoir de bons résultats : il apprend tout par cœur.
e. Elle s'est écartée des pistes et elle s'est perdue dans la montagne.
f. Vous comprendrez mieux la règle si vous faites l'exercice.

3. les pronoms possessifs

■ *Supprimez les répétitions en remplaçant les mots soulignés par un pronom.*
a. Ma sœur et moi, nous n'allons pas au même lycée : son lycée est tout prêt de la maison, mon lycée est à 15 minutes de bus.
b. Mal rangée, ma chambre ? Elle est beaucoup mieux rangée que ta chambre !

c. – Nous, on veut de nouvelles chaussures, comme nos copains.
– Mais vos chaussures sont toutes neuves !
– Peut-être, mais les chaussures de nos copains sont plus à la mode.
d. Vous partez ? Alors je vais mettre ma voiture à la place de votre voiture.

vous savez...

Vous plaindre, exprimer la douleur, parler de votre santé

Donner et comprendre des conseils ou des consignes

Il a mal à la tête et au dos.

Il ne dort pas bien.

Il a sommeil en classe.

■ a. Il décrit au médecin ce qui ne va pas, comment il se sent. Imaginez ce qu'il dit.
b. Le médecin lui donne des conseils. Faites-le parler.
c. Il lui donne aussi un médicament : imaginez le mode d'emploi.

Comprendre et exprimer la surprise, la mauvaise humeur

■ Imaginez ce que vous diriez dans les situations suivantes.
a. Vous vouliez partir en week-end avec deux amis, mais ils ont changé d'avis et vous restez tout(e) seul(e) chez vous.
b. Vous avez joué au Loto pour la première fois. Vous apprenez que vous avez gagné 500 francs.
c. Votre meilleur(e) ami(e) est amoureux(se), et ne s'occupe plus de vous.
d. Vous voulez faire un séjour linguistique à l'étranger, mais vos parents ne sont pas d'accord.
e. Vous jouez aux cartes avec un ami ; il a trouvé un moyen pour gagner à tous les coups, et vous ne comprenez pas comment.

Parler d'amour, comprendre et décrire des sentiments

 ■ Vous allez entendre cinq personnes différentes. Dites quel sentiment ou quelle attitude elles expriment.

	1	2	3	4	5
Intérêt		✓			
Passion	✓			✓	
Jalousie					✓
Déception			✓		

Comprendre et exprimer une opinion personnelle

■ Voici l'opinion de quatre jeunes sur les jeux vidéo.
a. Dites qui est **pour** les jeux vidéo, qui est contre, et qui a une **opinion modérée**.
b. Et vous, qu'en pensez-vous ? Donnez votre opinion personnelle en deux ou trois lignes.

Pierre
Jouer de temps en temps, c'est bien. Il faut savoir s'arrêter, c'est tout.

Thomas
J'adore les jeux vidéo. J'y joue depuis cinq ans et je veux en faire mon métier.

Marie
C'est comme la télé : quand on est devant, on ne peut plus partir. C'est mauvais pour la tête, et pour les yeux.

Guillaume
Moi, j'y joue, et ça ne m'empêche pas de travailler ni de lire. Bien sûr, il y a des jeunes qui ne pensent qu'à ça, et c'est idiot !

votre guide projet
touristique
UNITÉ 3

Voici de nouveaux chapitres à rajouter à votre guide.

1 où manger ?

• *Pour ceux qui aiment découvrir du nouveau :* dites-leur quelles sont les spécialités de votre pays, où ils peuvent les manger. Et si vous avez la place, pourquoi ne pas mettre une petite recette typique dans un coin de la page ?
• *Pour ceux qui sont pressés* ou qui préfèrent les hamburgers, les pizzas, les sandwichs : indiquez-leur les endroits les plus pratiques.

2 où dormir ?

Si on n'est pas dans une famille ou en voyage organisé, il n'est pas toujours facile de se loger dans un pays étranger. Aidez vos lecteurs à trouver des formules sympathiques et pas trop chères : auberges de jeunesse, campings…

3 où sortir ?

Quand on va à l'étranger, c'est aussi pour rencontrer d'autres jeunes.
• *Faites un petit panorama des endroits* où l'on peut s'amuser, discuter, écouter de la bonne musique – et, pourquoi pas, rencontrer l'âme-sœur.
Vous pouvez classer ces endroits par catégories : rues et places, cafés, discothèques…
Vous pouvez aussi donner votre opinion personnelle : dites pourquoi ils vous plaisent, ou vous plaisent moins (trop calme ou trop bruyant, etc.).
• *Donnez à votre lecteur quelques conseils pour entrer en contact avec les autres.* Dans chaque pays, on a ses habitudes : dites quelles sont celles des jeunes chez vous, quelles sont les attitudes qui leur plaisent et celles qui ne leur plaisent pas ; quels sont les sujets qui les intéressent particulièrement et ceux dont ils n'aiment pas trop parler…
• *Et pour les romantiques,* vous pouvez indiquer quelques romans d'amour bien connus chez vous (s'ils ont été traduits en français).

4 santé

Bien sûr, on peut voyager sans être malade. Mais il vaut mieux, avant de partir, avoir quelques informations pratiques.
• *Y a-t-il des précautions particulières à prendre* quand on vient dans votre pays, par exemple, pour se protéger du froid ou de la chaleur ? Y a-t-il des animaux dangereux, des choses qu'il ne faut pas manger, etc. ?
• *Si l'on est malade,* comment fait-on pour trouver une pharmacie ou un médecin ?
Y a-t-il des adresses ou des numéros de téléphone utiles ?
Conseil : pour toutes ces circonstances, n'oubliez pas de donner quelques mots ou quelques expressions utiles dans votre langue.

UNITÉ 4

Qu'est-ce qu'on regarde ?

La Reine Margot
Drame historique de Patrice Chéreau, avec Isabelle Adjani.
• 1572 : Marguerite de Valois, sœur du roi de France, épouse Henri de Navarre, qu'elle n'aime pas. Elle ne sait pas que ce mariage doit donner le signal d'une terrible guerre civile...
• Un grand film joué par des comédiens de talent. Certaines scènes sont cependant déconseillées aux personnes sensibles.

L'assassin habite au 21
Policier, d'Henri-Georges Clouzot (1942), avec Pierre Fresnay.
• Paris est le théâtre de crimes mystérieux. L'inspecteur Wens découvre que le coupable se cache parmi les clients de la pension Mimosas, 21 avenue Junot...
• Avec ce policier très « noir » mais plein d'humour, Clouzot, qui n'avait jamais tourné de film, est apparu aussitôt comme un des meilleurs cinéastes de sa génération.

Julien : Qu'est-ce qu'il y a comme film sur TV 5 ?
Fabien : Un drame historique, « La Reine Margot ».
Isabelle : Ah non ! Je l'ai déjà vu : j'ai coupé avant la fin parce que c'était trop violent.
Julien : Bon. Et sur les chaînes finlandaises ?
Fabien : Il y a un film français en version originale, « L'assassin habite au 21 ».
Isabelle : Encore des crimes... Moi j'ai envie de me détendre. Tu n'as pas une cassette vidéo avec une comédie ?
Fabien : Et pourquoi pas des dessins animés ? « Blanche-Neige », ça te va ?
Isabelle : Ah non, c'est trop triste !

On s'entraîne

le plus-que-parfait

• Il se construit avec les verbes « avoir » ou « être » à l'imparfait + participe passé.
• Le plus-que-parfait exprime une action qui a eu lieu avant un autre événement du passé.

1. Clouzot, qui n'avait jamais tourné de films...

a. Observez.
• { Je *vais voir* le film que Cécile m'*a conseillé*.
{ Je *suis allé* voir le film que Cécile m'*avait conseillé*.
• Quand je *suis arrivé* à Paris, je n'*avais* jamais *vu* de grande ville.

b. Mettez au passé.

– Le film précédent de Chéreau m'a plu, mais je n'aime pas celui-ci.

– Je réponds au correspondant qui m'a écrit de Finlande.

– Cécile ne peut pas aller au ski, elle s'est foulé la cheville.

– Ce soir, je mange avec des amis que je n'ai pas vus depuis dix ans.

2. J'ai coupé parce que c'était trop violent.

a. Observez.

> J'ai regardé la télé parce que je ne pouvais pas dormir. Maintenant, je ne peux plus dormir parce que le film était trop violent...

b. Complétez les phrases en utilisant « parce que ».

– La police l'a arrêté ...

– Nous sommes allés voir ce film ...

– Je ne mange pas de chocolat ...

– Je n'ai pas invité Paul à ma boum ...

– Des lycéens sont bloqués dans la montagne ...

3. Savoir lire un programme de télévision.

Pouvez-vous citer un film bien connu correspondant à chacune des catégories indiquées ci-contre ?

■ Choisissez deux films que vous avez vus récemment (au cinéma ou à la télévision).

• Présentez les personnages et racontez brièvement les sujets.

• Dites à quelle catégorie de films ils appartiennent et expliquez pourquoi.

• Dites si vous avez aimé, et pourquoi.

exprimer la cause (1)

• **« parce que »** + **indicatif** (question : « pourquoi ? »)

– *Pourquoi ne veux-tu pas aller au cinéma ?*

– *Parce que j'ai du travail.*

Je n'ai pas aimé ce film parce qu'il était trop violent.

les grands types de films

• *Le drame :* **atmosphère sérieuse et problèmes graves. Le film finit mal, même s'il n'y a pas de morts. Un drame peut être « historique », « psychologique », etc.**

• *La comédie dramatique :* **pas d'événements graves, fin souvent heureuse – mais le sujet reste sérieux.**

• *La comédie :* **le film est fait pour faire rire.**

• *Autres types de films :* **science-fiction, policier, fantastique, épouvante, western, etc.**

Comme à la télé

La mère : Encore devant la télé !

Laetitia : Chut ! C'est « Pamela, seule contre tous ».

La mère : Toujours ces feuilletons idiots...
Vous avez lu le journal ?
Vous avez vu ce qui est arrivé
à ces deux jeunes filles ?

Cécile : Ah, cette histoire de hold-up ?
Mais enfin, maman, nous on
ne va pas faire pareil, on est
plus intelligentes !

La mère : Comment ça, plus intelligentes ?

Laetitia : Ben oui. Avec des pistolets
en plastique, elles n'avaient
aucune chance !

TF1 — 19 h 15

« Pamela seule contre tous »
avec Jennifer Hopkins-Lee
• 97ᵉ épisode : Recherchée par la police parce qu'elle a attaqué une banque (voir épisode précédent) et poursuivie aussi par la mafia qui veut lui prendre l'argent, Pamela vole un hélicoptère et s'enfuit au Canada.

Comme à la télé...

Deux adolescentes, qui voulaient imiter l'héroïne de leur feuilleton préféré, ont attaqué une banque avec des armes... en plastique.
Comme elles menaçaient un employé, un policier a cru qu'elles voulaient se servir de leurs armes. Il a tiré et blessé une des deux jeunes filles. Ce drame pose à nouveau le problème de la violence à la télévision.

On s'entraîne

exprimer la cause (2)

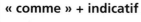

• « comme » + indicatif

• « comme » se place toujours
en début de phrase.

• Parfois, une relative suffit pour
exprimer la cause.

1. Comme elles menaçaient un employé...

a. Observez.

• *Comme* elles voulaient imiter Pamela, deux jeunes filles ont attaqué une banque.

• Deux jeunes filles ont attaqué une banque *parce qu'*elles voulaient imiter Pamela.

• Deux jeunes filles, *qui* voulaient imiter Pamela, ont attaqué une banque.

**b. Transformez les phrases en utilisant « comme »,
« parce que » ou un relatif (lorsque c'est possible).**

– Laetitia a trop mangé de chocolat : elle a été malade.
– J'ai pensé que tu n'allais pas venir et je suis rentré chez moi.
– Je n'écris plus à Julien, il ne me répond jamais.
– Il a voulu trop gagner, il a tout perdu.
– Je passais par Paris, alors je suis venu te voir.

2. Il a cru qu'elles voulaient se servir de leurs armes...

**a. Observez le tableau de la concordance
des temps.**

**b. Vous avez vu le 97ᵉ épisode de « Pamela seule
contre tous ». Racontez (au passé) ce qu'a fait
l'héroïne.**

➤ « Recherchée ..., Pamela *a volé* ... »

**c. Un des témoins raconte le drame de la banque.
Rapportez ses paroles au passé.**

« J'ai vu les deux filles entrer. Elles sont allées vers
l'employé et elles l'ont menacé. C'étaient des armes
en plastique, moi je l'ai vu tout de suite, mais le policier
n'a pas compris, il a eu peur et il a tiré. J'ai vu une
des jeunes filles tomber. Heureusement, ce n'est pas
grave. Mais c'est idiot de faire des choses pareilles. »

➤ Le témoin a dit que ...

la concordance des temps (2)

Je te **dis** ──── qu'il **part** ce soir.
(présent)
qu'il **est parti** hier.
(passé composé).

➤ Je t'**ai dit** ──── qu'il **partait** ce soir.
(imparfait).
qu'il **était parti** hier.
(plus-que-parfait).

*Attendez
votre tour, comme
tout le monde.*

*Haut
les mains, ceci est
un hold-up !*

**■ 1. Vous êtes dans la banque au moment où les deux jeunes filles entrent.
Vous comprenez ce qui se passe et vous intervenez pour les raisonner et pour
empêcher un accident. Jouez la scène (elle peut se terminer bien ou mal).**

**■ 2. Quelques jours après, vous écrivez à un(e) ami(e) pour lui raconter ce qui
s'est passé, ce que vous avez dit et fait, et comment tout cela s'est terminé.**

Non à la violence !

Les jeunes et la violence

La violence dans les écoles : réalité ou thème à la mode ? Selon certains médias, les jeunes d'aujourd'hui sont plus violents que leurs parents, et les lycées français sont devenus de véritables jungles... On accuse tour à tour l'éducation, la télévision, les jeux vidéo, la société en général... Mais les jeunes, eux, qu'en pensent-ils ?

Julie, 15 ans, Nice

La violence physique, parmi les élèves, je crois que c'est quand même rare, même si on en parle beaucoup. Mais le « chacun pour soi », les remarques racistes, ça, on le voit tous les jours, et je pense que, nous, les jeunes, on doit faire très attention. La violence, les guerres, cela commence quand on ne respecte pas les autres.

Élisa, 14 ans, Lyon

Je crois qu'on exagère beaucoup. Bien sûr, tout ne va pas bien en France, mais je n'ai pas l'impression de vivre dans un pays dangereux. Quand on voit tout ce qui se passe dans le monde... Bien sûr, les gens disent toujours que c'était mieux avant, mais j'ai lu qu'en 1830 il y avait trois fois plus de crimes en France qu'aujourd'hui. Alors...

Jean-Marc, 14 ans, Grenoble

C'est vrai, la violence existe aussi dans les lycées. J'ai des copains qui ont été attaqués, on leur a volé leur sac et leur blouson. Il y a aussi des problèmes de drogue, mais ça, ça se passe plutôt à la sortie, dans la rue, pas dans l'établissement.

Vincent, 16 ans, Nancy

La violence, c'est aussi une manière de protester, de dire qu'on existe, qu'on a droit à un avenir. Mais ça ne sert à rien de tout casser. La violence, il vaut mieux la mettre dans les mots, dans la musique ; moi par exemple je fais partie d'un groupe de rap, ça permet d'aller vers les autres, de communiquer.

Farid, 15 ans, Paris

J'ai peut-être l'air « vieux » quand je dis ça, mais je pense que la télévision et les médias ont une grande responsabilité. Avec toutes ces séries ultra-violentes, ces films de guerre... Après, la violence, on s'y habitue, on n'y fait plus attention, et c'est le plus dangereux.

École : plan de lutte anti-violence

Le gouvernement a présenté la semaine dernière de nouvelles mesures pour assurer la sécurité dans les établissements scolaires.

« Pourquoi tant de violence...? »

■ a. Qui pense que :
• il y a un vrai problème de violence en France ?
• il n'y a pas de vrai problème ?
b. Qui dit que :
• la violence peut parfois être « utile » ?
• la violence n'est pas toujours là ou l'on croit ?
• le premier responsable, c'est la société ?
• la violence, il ne faut surtout pas s'y habituer ?
c. Êtes-vous d'accord avec Farid ?
d. Est-ce que la violence existe chez les jeunes de votre pays ? Sous quelle forme ?

■ a. Quel est le problème posé par le dessin ci-dessus ? Comparez avec ce que dit Julie.
b. Imaginez ce que disent les deux enfants après le départ du père.

Une chanson contre toutes les guerres

Boris Vian a écrit 484 chansons, mais celle-ci est restée la plus célèbre. Chanson contre toutes les guerres de ce siècle et contre la guerre en général, elle n'a pas vieilli. Pendant plusieurs années, elle a été interdite à la radio, ce qui n'a pas empêché son succès...

Boris Vian
Le Déserteur (1956)

Monsieur le Président,
Je vous fais une lettre
Que vous lirez peut-être,
Si vous avez le temps.
Je viens de recevoir
Mes papiers militaires
Pour partir à la guerre
Avant mercredi soir.
Monsieur le Président,
Je ne veux pas la faire
Je ne suis pas sur terre
Pour tuer des pauvres gens.
C'est pas pour vous fâcher,
Il faut que je vous dise,
Ma décision est prise :
Je m'en vais déserter.
Depuis que je suis né
J'ai vu mourir mon père,
J'ai vu partir mes frères

Et pleurer mes enfants.
Ma mère a tant souffert
Qu'elle est dedans sa tombe,
Et se moque des bombes.
Et se moque des vers.
Quand j'étais prisonnier,
On m'a volé ma femme,
On m'a volé mon âme,
Et tout mon cher passé.
Demain, de bon matin,
Je fermerai ma porte
Au nez des années mortes,
J'irai sur les chemins.
Je mendierai ma vie
Sur les routes de France,
De Bretagne en Provence,
Et je dirai aux gens :
Refusez d'obéir,
Refusez de la faire,

N'allez pas à la guerre,
Refusez de partir.
S'il faut donner son sang,
Allez donner le vôtre,
Vous êtes bon apôtre
Monsieur le Président.
Si vous me poursuivez,
Prévenez vos gendarmes
Que je n'aurai pas d'armes
Et qu'ils pourront tirer.

Aider à vivre mieux

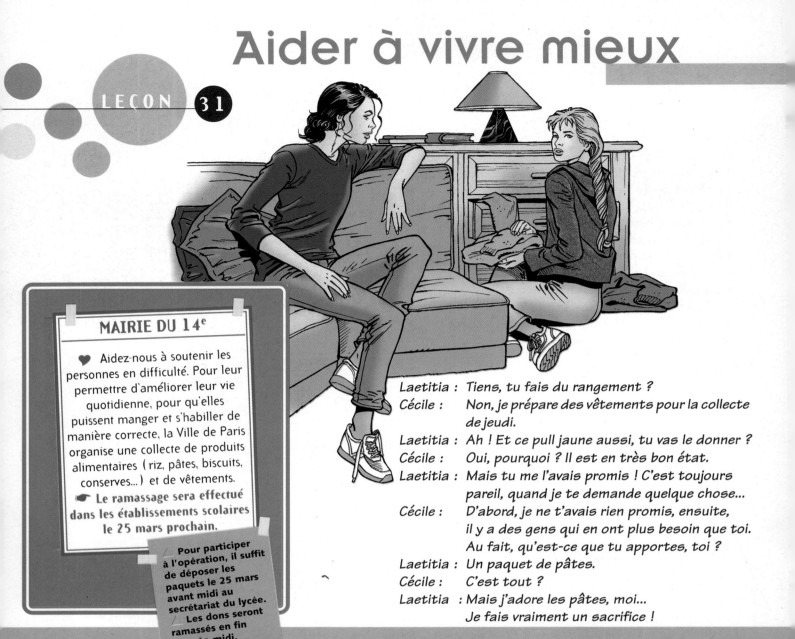

MAIRIE DU 14ᵉ

♥ Aidez-nous à soutenir les personnes en difficulté. Pour leur permettre d'améliorer leur vie quotidienne, pour qu'elles puissent manger et s'habiller de manière correcte, la Ville de Paris organise une collecte de produits alimentaires (riz, pâtes, biscuits, conserves...) et de vêtements.

☞ Le ramassage sera effectué dans les établissements scolaires le 25 mars prochain.

Pour participer à l'opération, il suffit de déposer les paquets le 25 mars avant midi au secrétariat du lycée. Les dons seront ramassés en fin d'après-midi.

Laetitia : Tiens, tu fais du rangement ?

Cécile : Non, je prépare des vêtements pour la collecte de jeudi.

Laetitia : Ah ! Et ce pull jaune aussi, tu vas le donner ?

Cécile : Oui, pourquoi ? Il est en très bon état.

Laetitia : Mais tu me l'avais promis ! C'est toujours pareil, quand je te demande quelque chose...

Cécile : D'abord, je ne t'avais rien promis, ensuite, il y a des gens qui en ont plus besoin que toi. Au fait, qu'est-ce que tu apportes, toi ?

Laetitia : Un paquet de pâtes.

Cécile : C'est tout ?

Laetitia : Mais j'adore les pâtes, moi... Je fais vraiment un sacrifice !

On s'entraîne

exprimer le but

On emploie :

• **« pour » + infinitif** quand le sujet est le même.

• **« pour que » + subjonctif** quand le sujet est différent.

le subjonctif (pouvoir)

que je puisse	que nous puissions
que tu puisses	que vous puissiez
qu'il/elle puisse	qu'ils/elles puissent

1. Pour qu'ils puissent manger...

a. Observez.
• Donnez 10 F *pour aider* un enfant.
• Donnez 10 F *pour qu'*un enfant *puisse* manger.

b. Complétez la phrase avec les éléments ci-dessous.
– être mieux soigné(s).
– avoir une vraie maison.
– prendre des vacances.
– aller à l'école.
– pouvoir acheter des livres.
➤ « Donnez 10 F pour que des enfants...»

c. Complétez avec « pour » ou « pour que » et le verbe indiqué.

– Je suis en retard, pourtant j'ai tout fait ..... *(être)* à l'heure.
– ..... *(aider)* les personnes en difficulté, nous organisons une collecte.
– Je t'ai acheté du lait ..... *(faire)* des crêpes.
– J'ai prêté mon vélo à Cécile ..... *(pouvoir)* aller au lycée.

2. Le ramassage sera effectué...

a. Observez.
• Je peux t'aider,
si tu as besoin d'aide !

• Le film a commencé !
On a encore manqué le début...

• Le train va partir.
Attention au départ !

b. Trouvez les noms qui correspondent aux verbes suivants.

répondre	arriver	nager
aimer	conduire	dessiner
skier	terminer	vendre
rencontrer	réserver	travailler

verbes et noms

Un verbe et un nom qui expriment la même action peuvent avoir des formes :

• **très proches :** *aider* ➤ *aide*
　　　　　　　　voler ➤ *vol*
　　　　　　　　ramasser ➤ *ramassage*
　　　　　　　　préparer ➤ *préparation*

• **assez différentes :** *lire* ➤ *lecture*
　　　　　　　　jouer ➤ *jeu*
　　　　　　　　partir ➤ *départ*

• **complètement différentes :** *tuer* ➤ *crime*

■ **1.** Voici un communiqué radio présentant une action du Secours populaire français (SPF). Écoutez et répondez aux questions.
a. Où le SPF organise-t-il un voyage ?
b. Ce voyage est destiné à des gens de quel âge ?
c. Où vivent-ils habituellement ?
d. Combien sont-ils ?
e. Combien de fois par an ce voyage est-il organisé ?
f. En quelle année a-t-il eu lieu pour la première fois ?
g. Quand a lieu le prochain voyage ?

h. Combien de temps dure-t-il ?
i. On peut aider le SPF de trois manières. Lesquelles ?
j. À quel numéro peut-on demander des renseignements ?

■ **2.** Vous organisez une action de solidarité dans le cadre de votre lycée. Vous rédigez une petite affiche en expliquant ce que vous voulez faire, pour quoi et pour qui.

Vocation...

Cécile : Je sais ce que je veux faire plus tard. Je veux être assistante sociale.
Il y a encore trop de personnes en difficulté en France.

Laetitia : Ça, c'est sa nouvelle idée. C'est depuis la collecte à l'école...

Cécile : Pas du tout ! C'est très sérieux. Il y a longtemps que j'y réfléchis.

Le père : Mais c'est un métier difficile. Il faut d'abord que tu te renseignes sur les études, que tu voies un conseiller...

La mère : Et puis tu as le temps. Tu es encore un peu jeune pour prendre une décision.

Cécile : Comment ça, un peu jeune ? Dans deux ans j'aurai mon bac.

Laetitia : Oui, enfin... tu ne sais pas encore si tu vas l'avoir...

LES CARRIÈRES SOCIALES : ÊTES-VOUS BIEN INFORMÉ(E) ?

Les carrières sociales sont nombreuses et diversifiées : assistante sociale, éducateur spécialisé, aide à domicile...
Mais avant de choisir, posez-vous quelques questions :
• Quelles études faut-il faire ?
• Est-ce qu'il faut passer un concours ?
• Y a-t-il des écoles spécialisées ? Quand faut-il s'y inscrire ?
Vous pouvez demander ces informations au conseiller d'orientation de votre lycée. Ne vous engagez pas généreusement sans réfléchir : pour apporter son soutien aux autres, il faut être solide physiquement et psychologiquement. Vous serez en contact avec les difficultés quotidiennes des gens.
Un bon conseil, avant de prendre votre décision, rencontrez des gens qui travaillent dans ce secteur. Après avoir parlé avec eux, vous saurez si vous êtes fait(e) pour ce métier.

On s'entraîne

l'interrogation directe et indirecte

L'interrogation directe (rappel).

• **L'interrogation générale est marquée par :**
– « Est-ce que... ? » : *Est-ce que Cécile est là ?*
– l'inversion : *Cécile est-elle là ?*
– l'intonation (à l'oral) : *Cécile est là ?*

• **Une interrogation plus précise est exprimée par un mot interrogatif** (où ? combien ? qui ? quand ? quel ? etc.) **suivi en général de l'inversion.**

   Où vas-tu ?   Quel âge as-tu ?

1. Tu ne sais pas si tu vas l'avoir.

a. Observez.
• Est-ce que je peux devenir assistante sociale ? Quelles études faut-il faire ?
• Je me demande si je peux devenir assistante sociale.
– Bien sûr, tu n'as qu'à demander à un conseiller quelles études il faut faire !

b. Transformez.

Voici les questions que vous devez vous poser avant de partir à l'étranger :

– Quel est le climat là-bas ? Quels vêtements dois-je prendre ?

– Quand dois-je réserver mes billets ?

– Comment vais-je me déplacer dans le pays ?

– Où vais-je me loger ?

– Faut-il avoir un visa ?

– Quelle langue parle-t-on là-bas ? Comment vais-je communiquer avec les gens ?

➤ « Avant de partir, demandez-vous… »

2. Après avoir parlé avec eux...

a. Observez.

• Après avoir lu le livre, il est allé voir le film.

• Il a lu le livre avant d'aller voir le film.

b. Dites deux fois la même chose :

– en utilisant « après » + infinitif passé ;

– en utilisant « avant de » + infinitif présent.

– Elle a joué dans une pièce puis elle a fait du cinéma.

– Nous sommes restés deux jours à Nantes puis nous sommes allés à Paris.

– J'ai réfléchi longtemps puis j'ai acheté ce tableau.

– Il a entendu ce groupe puis il a acheté le CD.

– Vous avez travaillé puis vous avez fait une promenade.

L'interrogation indirecte.

• **On la trouve après les verbes :** *demander, se demander, savoir, dire, expliquer, comprendre...*

• **L'interrogation générale est introduite par « si » :** *Je me demande **si** Cécile est là.*

• **Les autres mots interrogatifs** (*où ? quand ? qui ? comment ? …*) **ne changent pas.**

• **Il n'y a jamais d'inversion du sujet :** *Quand **vas-tu** partir ?*

➤ *Je te demande quand **tu vas** partir.*

l'antériorité et la postériorité

• **Pour exprimer l'antériorité, on utilise :**

– **« avant » + nom :** *Avant son départ, il est venu me voir.*

– **« avant de » + infinitif présent :** *Avant de partir, il est venu me voir.*

• **Pour exprimer la postériorité, on utilise :**

– **« après » + nom :** *Après mon travail, j'irai voir un film.*

– **« après » + infinitif passé** (= *être / avoir* + participe passé) : *Après avoir lu le livre, j'ai vu le film.*

■ *Cécile a pris rendez-vous avec le conseiller d'orientation de son lycée. Elle lui explique ce qu'elle veut faire, les questions qu'elle se pose. Il lui demande des précisions et lui donne des conseils. Vous jouez la scène.*

Des actions...

C'est le comédien Coluche qui a eu l'idée des « Restos du cœur » en 1985. Les premiers centres ont ouvert pendant l'hiver 85/86, puis ils sont devenus de plus en plus nombreux, et d'autres organisations complémentaires ont été créées : les « Camions du cœur », qui apportent des repas chauds aux personnes sans-abri, les « Toits du cœur » pour les loger, etc.

LES RESTAURANTS DU CŒUR

LES RELAIS DU CŒUR

C'EST MAINTENANT QUE NOUS ACHETONS LA NOURRITURE, C'EST AUJOURD'HUI QUE NOUS AVONS BESOIN DE VOUS

Cet hiver, plus de 36 000 bénévoles vont encore se mobiliser pour distribuer dans près de 2 000 centres en France, plus de 500 000 repas par jour à tous ceux qui, sans cela, ne mangeraient pas à leur faim.

Aidez-nous à redonner espoir à ceux qui souffrent de l'exclusion.

Envoyez votre chèque aux :
**Restaurants du Cœur
75 515 PARIS CEDEX 15**

Il donnera lieu à un reçu fiscal vous permettant de bénéficier, jusqu'à un montant de 2 030 F d'une réduction d'impôt égale à 60 % de celui-ci.

Que ferons-nous de votre don ?
Un repas quotidien pendant :
- 15 jours (70 F) - deux mois (280 F)
- un mois (140 F) - l'hiver (450 F)

Nous remercions vivement
KART PASSION
de s'associer généreusement à notre action en nous offrant cet espace.

FILMS OFFERTS PAR JANIAC - 01 44 79 80.00

a. Quel est le but des « Restos du cœur » ?
b. À quel moment de l'année fonctionnent-ils ?
c. Qui travaille dans les « Restos du cœur » ?
d. Comment peut-on les aider :
– si on a de l'argent ?
– si on n'a pas beaucoup d'argent ?
e. Dans quel journal cette publicité a-t-elle été publiée ? Les « Restos du cœur » ont-ils payé pour cela ?

Le Téléthon

Il a été créé en 1987 pour aider la recherche sur les maladies génétiques. Il a lieu une fois par an, le même soir, sur toutes les chaînes de télévision, avec de nombreux présentateurs. Des artistes viennent apporter leur témoignage et leur soutien, et les gens téléphonent pour dire combien ils offrent.
Sur le même modèle, on a créé en 1994 le « Sidaction », pour soutenir la recherche sur le sida et les associations d'aide aux malades.

Y a-t-il des opérations semblables dans votre pays ? Qu'en pensez-vous ?

70 000 KILOMÈTRES À VÉLO POUR AIDER LES ENFANTS

Lundi, Jacques Sirat va monter sur son VTT pour un tour du monde de 70 000 km. « Je vais traverser 70 pays et, si tout va bien, je reviendrai ici en l'an 2000 ! » annonce ce Français de 33 ans. « Je roulerai de 100 à 150 km par jour. J'emporte une tente mais je pense que je dormirai le plus souvent chez l'habitant. »

Cette aventure sportive est également une action humanitaire : « Elle sert à soutenir l'association "SOS enfants sans frontières". Celle-ci est présente en Thaïlande, au Vietnam, au Cameroun, au Liban et à Haïti – cinq pays que je vais traverser. »

Tous les deux mois, Jacques Sirat publiera un journal de route, tiré à 1 000 exemplaires et vendu 10 F le numéro, au profit de l'association : « Si tout est vendu, cela permettra d'envoyer 125 enfants à l'école pendant un an et de leur offrir un repas chaud quotidien. » Bien sûr, Jacques Sirat sait qu'il rencontrera des difficultés : « Je vais traverser aussi des pays dangereux, où on peut être attaqué ou volé. J'espère qu'on ne me volera pas mon vélo ! »

(D'après Olivier Gasselin, *Mon Quotidien*, 2 avril 1997).

... et des hommes

■ a. Vrai ou Faux ? (si le texte ne donne aucune information, répondez « ? »).

b. Remplissez la petite fiche suivante concernant le voyage de Jacques Sirat.
- Nature du voyage : ...
- Moyen de transport : ...
- Longueur et durée du voyage : ...
- Nombre de pays traversés : ...
- Longueur de chaque étape : ...

	Vrai	Faux	?
Jacques Sirat a moins de 40 ans.			
Il ne s'intéresse qu'au sport.			
Il a décidé de faire du camping tous les soirs.			
Pour traverser les mers, il prendra le bateau, pas l'avion.			
Il passera par la Thaïlande.			
Le journal qu'il publiera servira à payer son voyage.			
Quand cet article a été écrit, Jacques Sirat n'était pas encore parti.			

Moi, j'ai fait dix fois le tour du quartier en rollers, et aucun journal n'en a jamais parlé !

c. Le journal *Mon Quotidien* a posé à ses lecteurs la question : « Que pensez-vous du voyage de Jacques Sirat ? Seriez-vous prêt(e) à faire la même chose ? »
Vous écrivez au journal pour donner votre avis.

Une idée géniale

> ## INNOVEZ
>
> ### AVEC LE CRÉDIT LYONNAIS ET SCIENCE ET VIE JUNIOR.
>
> « Dans la famille, tout le monde bricole… » Jean-Baptiste Loiselet, 15 ans, aîné de quatre enfants, habite Champ-sur-Drac, une petite ville de l'Isère. L'année dernière, il a fabriqué lui-même un appareil pour regarder les photos en relief, à partir d'un écran d'ordinateur et d'un néon, et en prenant les photos avec deux appareils jetables. Il suffisait d'y penser !
>
> Le Crédit Lyonnais félicite Jean-Baptiste pour sa trouvaille et son travail, et lui offre un chèque de 5 000 francs.

Julien : Tu as vu ça ? On peut gagner 5 000 francs en participant au concours des jeunes inventeurs.

Fabien : On se demande pourquoi on fait des études !

Julien : Mais on ne gagne pas 5 000 francs tous les jours… Si on ne fait pas d'études, qu'est-ce qu'on deviendra ?

Fabien : On aura du temps pour inventer !

Julien : Pour inventer quoi ?

Fabien : Ça, je n'ai pas d'idée.

On s'entraîne

le pronom d'insistance

	Singulier	Pluriel
1ʳᵉ pers.	moi-même	nous-mêmes
2ʳᵉ pers.	toi-même	vous-mêmes
3ᵉ pers.	{ lui-même / elle-même	{ eux-mêmes / elles-mêmes
on ➤	soi-même	

1. Il a fabriqué lui-même un appareil.

a. Observez.
- Tu as acheté cet appareil ou tu l'as fabriqué toi-même ?
- Fabriquez vous-même votre appareil photo !
- Avec un peu de travail, on peut fabriquer soi-même un appareil photo.

b. Complétez les phrases.
– Ils ont inventé … cet appareil.
– J'ai préparé … tout le repas.
– Dans cette maison on fait son lit … !
– Choisis … !

2. Si on ne fait pas d'études, qu'est-ce qu'on deviendra ?

a. Observez.
• Ici, si on ne paye pas, on n'entre pas !
• Moi, si je gagne 5 000 francs, je ferai un voyage !

b. Dites la même chose en utilisant « si ».
– Tu veux être à l'heure ? Tu dois partir tout de suite.
– Un jour, peut-être, j'aurai de l'argent, et j'achèterai une voiture.
– Quand on n'aime pas les voyages, on ne voyage pas !
– Le jour où j'aurai le temps, j'écrirai un roman.
– Pour maigrir, tu dois arrêter de manger des pâtes.
– En inventant quelque chose, on peut devenir célèbre.

3. Inventeurs.

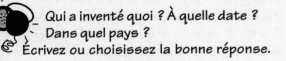 Qui a inventé quoi ? À quelle date ?
Dans quel pays ?
Écrivez ou choisissez la bonne réponse.

	qui ?	quand ?	où ?
la télévision	❑ J. Baird ❑ Edison ❑ ?		
le phonographe	❑ Edison ❑ C. Cros ❑ ?		
l'aspirine	❑ Hoffman ❑ J. Baird		
le CD	❑ Sony ❑ Philips ❑ ?		
le saxophone	❑ A. Sax ❑ un musicien de jazz ❑ ?		

l'hypothèse (1)

Rappel :
• **L'hypothèse dans le présent.**
« si » + présent ➤ verbe principal au présent :
Si tu vas là-bas, j'y vais aussi.
Si vous n'êtes pas d'accord, dites-le !

• **L'hypothèse dans le futur.**
« si » + présent ➤ verbe principal au futur :
Si je gagne 5 000 francs, je ferai un voyage.

• **Dans l'hypothèse, on ne met jamais le futur après « si ».**

inventions et découvertes

découvrir ⟨ un pays
un virus, un vaccin
une loi (physique, mathématiques)

inventer —— un appareil, une machine

un savant / un scientifique
un génie

 VOUS !

■ 1. Vous avez participé au concours « Jeunes inventeurs » et vous passez à la radio, avec d'autres participants. On vous demande de vous présenter, de raconter ce que vous avez fait, et ce que vous ferez si vous gagnez le prix.

■ 2. Présentez un inventeur bien connu de votre pays.

Les gens changent

• Producteur cherche jeunes figurantes pour un téléfilm tourné dans un lycée.

• Les candidates doivent être libres pendant 2 mois en été ! Petite expérience souhaitée.
➥ Écrire à **Producstar** BP 1342 Saint-Denis.

Valérie : Tu as lu ça ? Ce serait un bon travail pour toi, pendant les vacances.

Cécile : Encore deux mois dans un lycée ! Je ne vais pas renoncer à mes vacances pour faire de la figuration...

Valérie : Tu ne veux plus devenir actrice ? À Nantes tu ne rêvais que de ça !

Cécile : C'est vrai, mais j'ai évolué. Il y a tellement d'autres choses dans la vie.

Valérie : Pourtant, pense à ce que tes amis diraient, s'ils te voyaient à la télé. Et Laetitia... Elle serait verte de jalousie.

Cécile : Tu parles ! Elle dirait que je joue mal, c'est tout.

Martin : Alors tu ne veux pas revenir à Lyon ? Tu préfères rester en Finlande ?

Julien : Oui, je suis bien ici. La nature est superbe, j'ai plein d'amis, il y a des groupes de musique partout... Et puis j'ai appris le finnois. Si je pouvais aller à l'université ici, ce serait super.

Martin : Pour faire quoi ?

Julien : J'hésite. Peut-être un métier de l'écologie. Pour travailler dans les parcs naturels, par exemple. En tout cas, je veux rester dans ce pays.

Martin : Dis donc, tu n'es pas amoureux, par hasard ?

Julien : Ça, c'est une autre histoire !

Si je pouvais continuer mes études ici, ce serait super.

a. *Observez.*

b. Faites des phrases sur le même modèle, avec les éléments donnés.
– nous /être à la montagne /faire du ski
– je/avoir un chien /s'en occuper bien
– Cécile /être encore à Nantes /jouer avec Valérie
– tu /gagner ce concours /pouvoir acheter un vélo
– vous /travailler moins /avoir du temps pour voyager

c. Imaginez ce qu'ils pourraient dire.
– *Julien* : Si je revenais à Lyon…
– *Valérie* : Si je montais à Paris…
– *Cécile* : Si j'étais encore à Nantes…
– *Laetitia* : Si j'étais à la place de Cécile…

l'hypothèse (2)

conditionnelle	principale
« si » + imparfait	➤ *conditionnel présent*

• **On utilise cette construction pour exprimer :**

– **un fait encore possible, mais pas certain :**
Si j'étais riche, je ferais…

– **un fait qui n'est plus possible au moment ou on parle :**
Si j'étais (encore) jeune, je ferais…

■ 1. Si vous gagniez un voyage en France, qu'est-ce que vous aimeriez faire, quel serait votre programme (promenades, visites, achats, restaurants, rencontres…) ?

■ 2. Laetitia répond à l'annonce à la place de sa sœur. Écrivez sa lettre.

L'avenir est à nous !

Dominique, Fred, Salvador : trois trajectoires lyonnaises atypiques

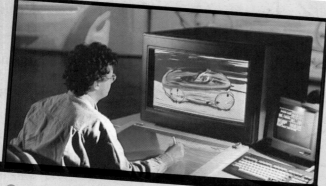

Pourtant, au lycée, ses professeurs lui disaient que la danse n'était pas pour lui. Mais il profitait de chaque intercours pour danser et, déjà, il faisait son « cercle ».

➲ **Salvador**, lui, a été recruté il y a quinze ans par la mairie de Givors, une ville près de Lyon. À l'époque, Givors était considérée comme la « capitale du rock ». Salvador jouait dans un groupe avec des copains, mais il s'est vite senti « plus manager que musicien » : il s'occupait de trouver des salles, des contacts. Très vite, il a fait de l'animation dans une MJC*, puis on lui a proposé un poste à l'imprimerie de la ville. Et il a même repris des études en cours du soir.

➲ Enfant du centre de Lyon, **Dominique** a quitté le lycée après la seconde. Il a vécu de petits boulots, puis il s'est inscrit aux Beaux-Arts en 1981, mais il n'y est resté que trois ans. Avec cinq de ses copains, il s'est lancé dans le dessin animé et a créé une association, OZO. Deux ans plus tard, ils ont produit leur premier dessin animé. Aujourd'hui, Dominique dirige une véritable société de production, Héliozo (spécialisée dans l'image numérique animée).

➲ **Fred** vient de la banlieue de Lyon. En 1991, il a créé une compagnie de danse, Azanie, qui a trouvé un véritable public.

➲ Aujourd'hui, Fred, Dominique et Salvador ont entre 34 et 39 ans. Ils ont une situation confortable et ils sont même assez contents. Mais ils ont gardé le goût du risque et de l'aventure : « Si tout s'arrêtait, je recommencerais », dit Dominique.

D'après *Le Monde*, 1998.

*MJC : Maison de la Jeunesse et de la culture.

■ a. Quels sont les points communs entre Fred, Dominique et Salvador ?
b. Quels métiers font-ils aujourd'hui ? Ont-ils toujours fait ces métiers ?
c. Que pensez-vous de ces métiers ? Lequel préféreriez-vous ?

■ Qui est-ce ? Fred, Dominique ou Salvador ?
a. Il a commencé à travailler le premier.
b. Il n'a pas sa propre compagnie.
c. Il est né à Lyon.
d. Il a toujours voulu faire ce qu'il fait aujourd'hui.

■ Vrai ou faux ? Si le texte ne donne pas l'information, répondez « ? ».

	Vrai	Faux	?
Fred a été encouragé par ses professeurs.			
Salvador est le plus vieux des trois.			
Dominique produit des téléfilms.			
Salvador continue à étudier.			
Aujourd'hui, ils n'ont plus envie de changer.			

Valérie   Martin   Laetitia   Marion   Hugo

Cécile   Karim   Julien   Stéphane

■ Que seront-ils dans quinze ans ? Les voyez-vous…

…médecin

…cinéaste

…professeur

…champion(ne) de basket

…musicien(ne)

…guide de montagne

…informaticien(ne)

…acteur/actrice

…présentateur(trice) de TV

■ Deux d'entre eux se rencontrent par hasard après plusieurs années. Imaginez ce qu'ils se disent.

1. le plus-que-parfait

■ *Voici le début d'un roman. Racontez la même chose au passé (utilisez l'imparfait et le plus-que-parfait).*

« Hélène est seule dans son appartement parisien. Elle n'a pas pu partir en week-end, car on lui a donné un article important à faire pour lundi, et elle n'a pas osé refuser. Mais elle n'arrive pas à travailler.

Elle regarde, sur le mur, les photos de tous les pays qu'elle a visités. Elle pense qu'elle a toujours voyagé pour son travail, et qu'elle n'a jamais profité de ses voyages. Et elle se dit que la vie de journaliste est bien difficile… »

➤ « Hélène était seule … »

2. la concordance des temps / l'interrogation indirecte

■ *Rapportez les paroles de ces deux personnes.*

Pourquoi ne veux-tu pas venir à ma boum ? Tu es fâchée avec moi ? J'ai dit quelque chose qui ne t'a pas plu ? Comment peux-tu me faire ça ?

Je ne suis pas fâchée avec toi. J'aimerais bien aller à ta boum, et je te remercie de ton invitation, mais il y a quelqu'un que je n'ai pas envie de voir. Je ne peux pas t'expliquer ça maintenant.

➤ Cléa a demandé à Julie …

➤ Julie a répondu …

3. l'hypothèse avec « si »

■ *Complétez les phrases avec les éléments donnés.*

a. Tu arriveras plus vite si ………………………… (prendre le bus).

b. Si ………………………… (gagner au Loto), je n'aurais plus besoin de travailler.

c. Si ………………………… (ne pas aimer ça), tu n'es pas obligé d'en manger.

d. S'il faisait moins froid, nous ………………………… ………………………… (aller se promener).

e. Si tu ne veux pas me dire où c'est, je ………………………… (trouver tout seul).

4. les mots exprimant la cause (« comme », « parce que ») et le but (« pour », « pour que »)

■ *Dites la même chose de deux manières différentes.*

a. Tu ne m'as pas donné ton adresse, alors je n'ai pas pu t'écrire.

b. Il ne mange pas à midi : il veut maigrir.

c. Les comédiens, qui avaient le trac, ont joué moins bien que d'habitude.

■ *Réécrivez les phrases en utilisant « pour… ».*

a. Si vous voulez réussir, vous devez travailler.

b. Apportez-nous vos dons, et nous pourrons aider des personnes en difficulté.

c. Faisons tous un effort et notre ville sera propre.

vous savez...

● Participer à un entretien, poser des questions, demander des précisions

■ Il y a une activité qui vous intéresse particulièrement, et vous voudriez en faire votre métier, mais vous ne savez pas si c'est possible. Vous vous adressez à un conseiller d'orientation (ou à toute autre personne pouvant vous aider) pour demander des informations sur ce métier, sur les études qu'il faut faire, etc. Vous dites ce qui vous intéresse, vous lui posez des questions, et vous répondez aux siennes.
Jouez la scène.

● Comprendre un communiqué, un prospectus, un petit article de journal

■ Lisez l'article ci-dessous et répondez aux questions.

Dessinateur de BD, c'est un vrai métier !

La bande dessinée est avant tout une passion : il faut aimer raconter des histoires en dessins. Mais c'est une passion qui prend du temps : deux à trois mois de travail sont nécessaires pour écrire un scénario, et près d'un an pour dessiner un album. La nouvelle génération des auteurs de BD est souvent capable de faire à la fois le travail de dessinateur et de scénariste. Mais le métier n'est pas plus facile qu'autrefois, car il intéresse beaucoup de gens, et avant de pouvoir en vivre, il faut attendre plusieurs années : certains jeunes dessinateurs travaillent 12 heures par jour et gagnent seulement 5 000 francs par mois.
Comment devient-on dessinateur ?
On peut apprendre le métier tout seul, ou en travaillant avec d'autres dessinateurs, mais de plus en plus d'auteurs passent aujourd'hui par une formation. On peut par exemple préparer un baccalauréat option « Histoire de l'art ». Après le bac, il est conseillé de faire trois à cinq années d'études dans une école des beaux-arts (celle d'Angoulême est la plus connue).

D'après *Phosphore*, février 1998.

a. Combien de temps faut-il pour faire un album de BD ? ❏ 2 ou 3 mois
❏ 1 an
❏ plusieurs années
b. D'après l'auteur, quelle(s) qualité(s) faut-il avoir pour être dessinateur ? Donnez-en trois.
b. Vrai, faux, on ne sait pas (?).

	vrai	faux	?
Pour être dessinateur, on n'est pas obligé de faire des études.			
C'est un métier plutôt facile, si on aime dessiner.			
Souvent, un dessinateur écrit aussi lui-même l'histoire.			
On peut gagner beaucoup d'argent très vite.			
L'école des beaux-arts d'Angoulême est très ancienne.			

● Imaginer l'avenir, faire des hypothèses, décrire un projet

■ Si vous aviez la possibilité de partir un an en France, que feriez-vous ? Où iriez-vous ? Comment organiseriez-vous votre temps ? Qui aimeriez-vous rencontrer ?
Écrivez un petit texte (8-10 lignes).

votre guide projet
touristique
UNITÉ 4

1 aidez votre lecteur à faire son programme

Vous avez déjà écrit tous les chapitres importants de votre guide. Vous avez donné beaucoup d'informations à votre lecteur. Aidez-le maintenant à faire un programme plus précis, selon le temps qu'il va passer dans votre pays ou votre région.

On ne visite pas de la même manière si on reste trois jours ou deux mois…

• *Proposez-lui plusieurs programmes.* Présentez-les sous la forme :

« Si tu as XX jours, tu peux… (il vaut mieux…, nous te conseillons…) »

• *Indiquez ce qui est vraiment très important,* ce qu'il ne faut surtout pas manquer, mais prévoyez aussi des « options » : « S'il reste un peu de temps, tu peux… ».

• *Pour les programmes très courts* (par exemple : une journée dans votre ville), donnez des détails pratiques, par exemple comment aller rapidement d'un endroit à l'autre.

2 la « page de titre »

Nous l'avons gardée pour la fin…

C'est la page qui porte le titre du guide. Elle doit bien sûr être sympathique et originale ; elle doit donner envie de regarder ce qu'il y a dans le guide.

• *Choisissez un titre caractéristique, assez court.* Vous pouvez ensuite rajouter un sous-titre ou une petite phrase pour attirer l'attention. Par exemple « un guide par des jeunes pour des jeunes », « le guide que tu as toujours voulu avoir », etc.

• *Quelle illustration allez-vous mettre* (photo ou dessin) ?

Pour finir, relisez votre guide, et imaginez que vous êtes un jeune Français qui vient pour la première fois chez vous… Alors, qu'en pensez-vous ?

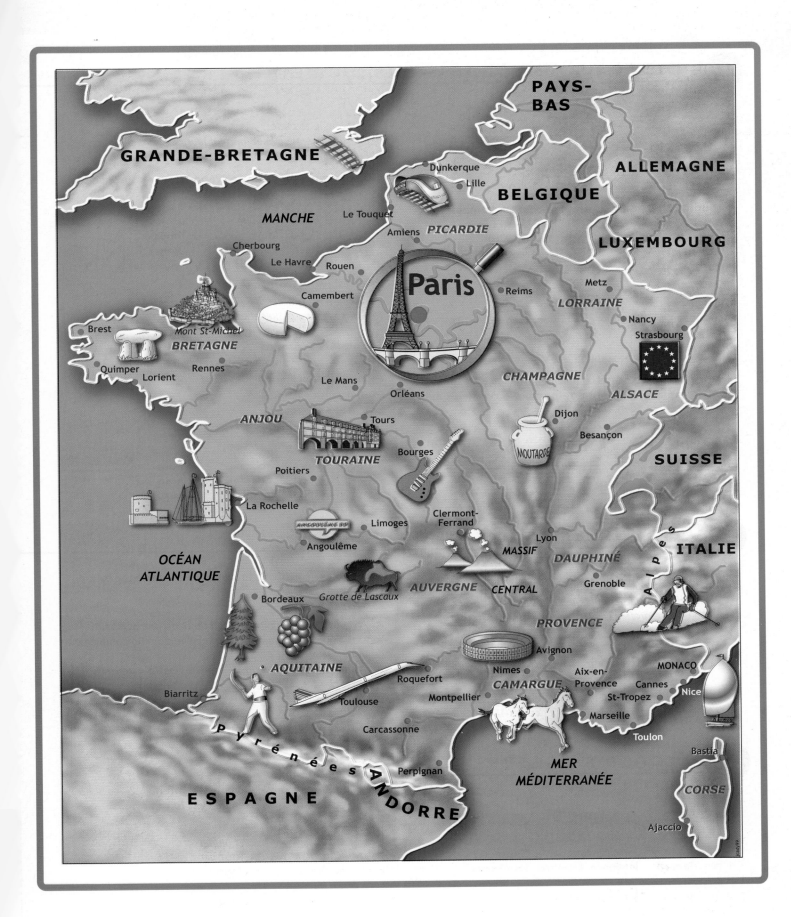

précis grammatical

Les pronoms personnels compléments

■ Les pronoms personnels compléments directs.

	singulier	pluriel
1re pers.	me	nous
2e pers.	te	vous
3e pers.	le /la	les

• Pour la 3e personne, ils remplacent un complément d'objet direct.

Tu prends ton passeport ?
*Oui, je **le** prends.*

*Où es-tu, je ne **te** vois pas ?*
*Tu **me** prends en photo ?*

attention !

Après un impératif, « me » et « te » sont remplacés par « moi » et « toi ».
*Prends-**moi** en photo !*

■ Les pronoms personnels compléments indirects.
• S'ils remplacent un nom de personne construit avec « à », on utilise :

	singulier	pluriel
1re pers.	**me**	**nous**
2e pers.	**te**	**vous**
3e pers.	**lui**	**leur**

Il faut que je te parle.
Il faut que je parle à Laetitia. ➤ *Il faut que je **lui** parle.*
Il faut que je parle à tes parents. ➤ *Il faut que je **leur** parle.*

• Après toutes les autres prépositions, on utilise :

	singulier	pluriel
1re pers.	**moi**	**nous**
2e pers.	**toi**	**vous**
3e pers.	**lui /elle**	**eux /elles**

Julien est parti avec moi.
C'est Mary. Tu te souviens d'elle ?
Je n'ai pas envie d'aller chez eux.

• Pronoms toniques
Remarque : si on veut mettre l'accent sur un pronom, on emploie les pronoms toniques.
***Moi,** je pars demain.*
***Lui,** je ne l'ai pas vu depuis deux jours.*

	singulier	pluriel
1re pers.	**moi**	**nous**
2e pers.	**toi**	**nous**
3e pers.	**lui /elle**	**eux /elles**

Les pronoms démonstratifs

■ Ils servent :
1. À désigner un objet ou une personne :
– *Quelle affiche voulez-vous ?* ➤ *Je voudrais **celle-ci.***
– *Quelle voiture préférez-vous ?* ➤ *Je préfère **celle-ci.***

	masculin	féminin
singulier	**celui-ci**	**celle-ci**
	celui-là	**celle-là**
pluriel	**ceux-ci**	**celles-ci**
	ceux-là	**celles-là**

• Il existe également une forme neutre : « ceci », « cela », « ça » (plus familier).

2. À donner des précisions sur un objet ou une personne.
Ils sont alors accompagnés d'une relative ou d'un complément de nom :
*Je n'aime pas cette maison. Je préférais **celle que** nous avions à Nantes.*
*Je n'aime pas cette maison. Je préférais **celle de** Nantes.*

Les pronoms possessifs

■ Ils marquent l'appartenance.
– *C'est à toi, ce pion ?* ➤ *Oui, c'est **le mien.***
– *C'est à toi, cette carte ?* ➤ *Oui, c'est **la mienne.***

	objet singulier		objet pluriel	
	masculin	féminin	masculin	féminin
1re pers. singulier (je)	**le mien**	**la mienne**	**les miens**	**les miennes**
2e pers. singulier (tu)	**le tien**	**la tienne**	**les tiens**	**les tiennes**
3e pers. singulier (il, elle)	**le sien**	**la sienne**	**les siens**	**les siennes**

	objet singulier		objet pluriel	
	masculin	féminin	masculin	féminin
1re pers. pluriel (nous)	**le nôtre**	**la nôtre**	**les nôtres**	
2e pers. pluriel (vous)	**le vôtre**	**la vôtre**	**les vôtres**	
3e pers. pluriel (ils, elles)	**le leur**	**la leur**	**les leurs**	

Les pronoms relatifs

■ La forme du relatif varie suivant sa fonction dans la phrase.

- Sujet : *Tu as vu le film **qui** passe à TV5.*
- Complément d'objet : *J'ai déjà vu le film que tu regardes.*
- Complément de lieu : *C'est la maison où j'ai habité pendant plusieurs années.*

Les temps du passé

■ **Le passé composé** exprime :
– une action qui dure très peu de temps :
Je suis arrivé(e) à 7 heures.
– une action qui dure un certain temps, bien délimité :
Nous avons travaillé pendant deux heures.
Nous avons travaillé deux heures.
Nous avons travaillé un petit moment.

- Le passé composé est construit :
1. Avec l'auxiliaire « être » pour :
– les verbes de mouvement : *aller, venir ; arriver, partir ; entrer, sortir ; monter, descendre ; tomber.*
– les verbes *devenir, rester, naître.*
– les verbes pronominaux.
Dans ce cas, le participe passé s'accorde avec le sujet.
*Julien est arriv**é**.*
*Valérie est arriv**ée**.*
*Valérie et Laetitia sont arriv**ées**.*
*Julien et Valérie sont arriv**és**.*
2. Avec l'auxiliaire « avoir » pour tous les autres verbes.
J'ai reçu une invitation !

Dans ce cas, le participe passé s'accorde avec le complément du verbe si celui-ci est placé **avant le verbe**.
– *Tu as reçu l'invitation ?*
– *Non, je ne l'ai pas reçu**e**.*
– *Regarde l'invitation que j'ai reçu**e**.*

■ **L'imparfait** exprime :
– un état :
À 18 ans, j'étais blonde. Maintenant je suis brune.
– une action en train de se dérouler dans le passé, quand une autre se produit :
Julien jouait du saxo quand nous sommes arrivés.
(Pour les formes de l'imparfait, voir les conjugaisons.)

■ **Le plus-que-parfait** présente une action qui se passe avant une autre action passée. Il est composé du verbe « avoir » ou du verbe « être » à l'imparfait et d'un participe passé.
L'année dernière, nous avons loué une maison dans les Alpes.
L'année d'avant, nous avions loué une maison dans les Vosges.

Le passif

■ Une phrase active peut être transformée en phrase passive.
1. Le verbe de la phrase passive apparaît sous la forme « être » + participe passé.
2. Le complément d'objet direct du verbe de la phrase active devient alors le sujet du verbe au passif.

3. Le sujet de la phrase active devient le complément d'agent de la phrase passive. Il est introduit par « par ».
Van Gogh a peint ce tableau. ➤ *Ce tableau a été peint **par** Van Gogh.*

Remarque : le complément d'agent peut ne pas être exprimé :
On a vendu ce tableau. ➤ *Ce tableau a été vendu.*

Le futur

■ Une action future peut être présentée :
– au **futur proche**, composé avec l'auxiliaire « aller » + l'infinitif :
La semaine prochaine, nous allons faire du ski.

– au **futur simple** :
Dans deux ans, nous irons faire du ski dans les Alpes.
- Le futur simple est généralement employé pour présenter des actions plus lointaines.

Le conditionnel présent

■ On l'utilise pour demander ou proposer quelque chose de manière polie (surtout avec les verbes *pouvoir, vouloir, aimer*).
Je voudrais louer une maison.
Vous pourriez m'indiquer la gare ?

J'aimerais vous parler.
On pourrait s'arrêter pour manger.
- Avec tous les autres verbes, il exprime une hypothèse.
Si vous preniez le train, vous arriveriez plus tôt à Nantes.

précis grammatical

Les propositions complétives avec « que »

■ Elles présentent les déclarations, les pensées ou les volontés d'une personne.
• Après les verbes exprimant **une pensée** (penser, croire, trouver), **une déclaration** (dire), ou après le verbe espérer, la complétive est à l'**indicatif** :
Je pense que cette ville est agréable.
Il dit que cette ville est agréable.

attention **!**
• Le sujet peut changer :
Julien : « *Je trouve cette ville agréable* »
　　　　➤ *Julien dit qu'il trouve cette ville agréable.*
• Si le verbe de la principale est au passé, le verbe de la complétive est à l'imparfait ou au plus-que-parfait.

Il me dit qu'il est heureux à Paris. ➤ *Il m'a dit qu'il était heureux à Paris.*
Il me dit qu'il est venu à Paris. ➤ *Il m'a dit qu'il était venu à Paris.*

• Après les verbes exprimant **une volonté, une obligation, un souhait, un regret,** on emploie le subjonctif :
Je voudrais qu'il parte.
Il faut qu'il parte.
Je regrette qu'il parte.
Je souhaite qu'il parte.

attention **!**
Si le sujet de la proposition complétive est le même que celui de la principale, on emploie obligatoirement l'infinitif.
Je voudrais partir.

Les compléments de lieu

■ Avec les noms de pays, on emploie :
– « au » devant les noms **masculin commençant par une consonne : au** *Mexique,* **au** *Pérou*
– « en » devant tous les noms féminins et devant les noms masculins **commençant par une voyelle :**
en *Irlande (féminin) /* **en** *Égypte (féminin) /* **en** *Iran (masculin)*
– « à » devant des noms d'île : **à** *Cuba,* **à** *Madagascar*
– « aux » devant les noms pluriel : **aux** *États-Unis*

■ Avec les noms de villes, on emploie « à » ou « au » :
J'habite **à** *Paris ./ J'habite* **au** *Mans (Le Mans).*

■ Avec les noms de régions ou de départements, on emploie « en » ou « dans le » :
dans le *Nord /* **en** *Ile-et-Vilaine*

■ Pour mesurer des distances, on utilise :
– le système métrique : *1 kilomètre, cent mètres*
Paris ? C'est à 100 km...
　　 – un complément de temps :
　　 – *C'est loin ?*
　　 – *Non, c'est à 5 minutes à pied.*

Les compléments de temps

■ **La date.**
le jour : 　*mardi 18 septembre, mardi prochain / dernier*
le mois : 　*en septembre, le mois prochain / dernier*
　　　　　au mois de septembre
l'année : 　*en 1998, l'année prochaine / dernière*

■ **La durée** est marquée par un complément introduit par « pendant » ou un **complément sans préposition.**
Je vais travailler **pendant** *deux heures.*
Je vais travailler deux heures.

■ **« Depuis »** (+ présent) indique quand a commencé une action qui dure encore :
Il travaille **depuis** *deux heures.*

■ **« Il y a »** (+ passé composé) marque à quel moment une action s'est produite :
Il a pris sa voiture **il y a** *10 minutes.*

Les relations de temps

■ L'antériorité est marquée par :
– « avant » suivi d'un nom :
Il est parti **avant** *mon retour.*
Il est parti **avant** *huit heures.*

– « avant » de suivi d'un verbe à l'infinitif (au présent) :
Nous avons téléphoné à nos amis avant d'aller les voir.

■ La postériorité est marquée par :
– « après » suivi d'un nom :
Après *le film, nous sommes allés au restaurant.*

– « après » suivi d'un infinitif (au passé) :
Après avoir *regardé un film, nous sommes allés au restaurant.*

La phrase négative

Négation simple.

« ne... pas » : *J'habite à Nantes.* ➤ *Je **n'**habite **pas** à Nantes.*

attention **!**

– « un(e), des...» ➤ « ne... pas de » :
*J'ai **une** sœur.* ➤ *Je **n'**ai pas **de** sœur.*

– « un(e), des... » ➤ « aucun(e) » + nom :
*J'ai **des** amis.* ➤ *Je **n'**ai **aucun** ami.*

– « aussi » ➤ « ne pas... non plus » :
*Paul est là **aussi.*** ➤ *Paul **n'**est **pas** là **non plus.***

Négation portant sur le temps.

– « encore » ➤ « ne... plus » :
*Paul est **encore** là.* ➤ *Paul **n'**est **plus** là.*

– « déjà » ➤ « ne... pas encore » :
*Paul est **déjà** là.* ➤ *Paul **n'**est **pas encore** là.*

– « déjà » ➤ « ne... jamais » :
*Paul est **déjà** venu ici.* ➤ *Paul **n'**est **jamais** venu ici.*

– « toujours », « parfois », « quelquefois »... ➤ « ne... jamais » :
*Je vais **parfois** chez eux.* ➤ *Je **ne** vais **jamais** chez eux.*

Négation portant sur une personne ou un objet.

– « quelqu'un », « tous... » ➤ « personne » :
*J'ai vu **quelqu'un.*** ➤ *Je **n'**ai vu **personne.***
***Tout le monde** est venu.* ➤ ***Personne n'**est venu.*

– « quelque chose », « tout » ➤ « rien » :
*J'ai **tout** vu.* ➤ *Je **n'**ai **rien** vu.*
*Ici, **tout** est bon.* ➤ *Ici, **rien n'**est bon.*

Phrase interrogative : l'interrogation indirecte

■ Les interrogatives indirectes s'emploient après les verbes :
– *demander, se demander* ;
– *savoir, dire* (lorsqu'ils introduisent une question).

• Il n'y a pas d'inversion du sujet.
• Les pronoms interrogatifs peuvent changer par rapport à ceux qui sont employés dans l'interrogation directe.

		interrogation directe	interrogation indirecte
totale		*Est-ce qu'il va faire beau ?* *Est-ce qu'il va venir ?*	*Je me demande s'il va faire beau.* *Est-ce que tu sais s'il va venir ?*
portant sur le sujet	personne objet	*Qui a téléphoné ?* *Qu'est-ce qui se passe ?*	*Je ne sais pas qui a téléphoné.* *Je me demande ce qui se passe.*
portant sur un complément		*Qui demandez-vous ?* *Qu'est-ce que vous faites ?*	*Je voudrais savoir qui vous demandez.* *Je me demande ce que vous faites.*
portant sur un complément circonstanciel		*Où allez-vous ?* *Combien est-ce que ça coûte ?* *Quand partez-vous ?*	*Je voudrais savoir où vous allez.* *Combien ça coûte ?* *Dites-moi quand vous partez.*

Les rapports logiques

La cause est exprimée par :

– « parce que » et « comme », qui introduisent une cause « évidente » ;
*Nous ne travaillons pas **parce qu'**il fait trop chaud.*
• des mots de coordination comme « car » ou « en effet » (toujours après la principale) :
*Nous n'avons pas vu le cambrioleur, **car** il faisait nuit.*
*Nous n'avons pas vu le cambrioleur : **en effet,** il faisait nuit.*

Le but

– Il est exprimé par **« pour que »** suivi du subjonctif
*Je vais répéter **pour que tu comprennes** mieux.*
– Si les sujets de la proposition principale et de la proposition sont les mêmes, on emploie « pour » + l'infinitif.
*Nous avons travaillé **pour réussir.***

La condition

– « si » + présent marque une possibilité :
***Si tu suis** un régime, tu vas maigrir.*
– « si » + imparfait marque une éventualité réalisable :
***Si tu suivais** un régime, tu maigrirais.*
– ou une condition non réalisée dans le présent :
***Si j'étais** jeune (mais je suis vieux), je voyagerais.*

Le gérondif (« en » + participe présent) peut exprimer :

– le moyen : *En regardant la télévision, on peut apprendre beaucoup de choses.*
– la condition : *En suivant un régime, vous arriverez à maigrir.*
– la cause : *En voulant trop gagner, il a tout perdu.*
– le temps (action simultanée) : *Ne buvez pas en mangeant.*

précis grammatical

Verbes en –er (1er groupe)

	présent	imparfait	futur simple
travailler	je travaille	je travaillais	je travaillerai
	tu travailles	tu travaillais	tu travailleras
	il / elle travaille	il / elle travaillait	il / elle travaillera
	nous travaillons	nous travaillions	nous travaillerons
	vous travaillez	vous travailliez	vous travaillerez
	ils / elles travaillent	ils / elles travaillaient	ils / elles travailleront

impératif	passé composé	subjonctif présent *Il faut que...*	conditionnel présent
	j'ai travaillé	je travaille	je travaillerais
travaille	tu as travaillé	tu travailles	tu travaillerais
	il / elle a travaillé	il / elle travaille	il / elle travaillerait
travaillons	nous avons travaillé	nous travaillions	nous travaillerions
travaillez	vous avez travaillé	vous travailliez	vous travailleriez
	ils / elles ont travaillé	ils / elles travaillent	ils / elles travailleraient

attention !

acheter ➤   j'achète   j'ai acheté   achète
           nous achetons   nous avons acheté   achetez

Verbes en –ir (2e groupe)

	présent	imparfait	futur simple
choisir	je choisis	je choisissais	je choisirai
	tu choisis	tu choisissais	tu choisiras
	il / elle choisit	il / elle choisissait	il / elle choisira
	nous choisissons	nous choisissions	nous choisirons
	vous choisissez	vous choisissiez	vous choisirez
	ils / elles choisissent	ils / elles choisissaient	ils / elles choisiront

impératif	passé composé	subjonctif présent *Il faut que...*	conditionnel présent
	j'ai choisi	je choisisse	je choisirais
choisis	tu as choisi	tu choisisses	tu choisirais
	il / elle a choisi	il / elle choisisse	il / elle choisirait
choisissons	nous avons choisi	nous choisissions	nous choisirions
choisissez	vous avez choisi	vous choisissiez	vous choisiriez
	ils / elles ont choisi	ils / elles choisissent	ils / elles choisiraient

Verbes du 3e groupe

	présent	imparfait	futur simple
partir	je pars	je partais	je partirai
	tu pars	tu partais	tu partiras
	il / elle part	il / elle partait	il / elle partira
	nous partons	nous partions	nous partirons
	vous partez	vous partiez	vous partirez
	ils / elles partent	ils / elles partaient	ils / elles partiront

impératif	passé composé	subjonctif présent	conditionnel présent
		Il faut que...	
	je suis parti(e)	je parte	je partirais
pars	tu es parti(e)	tu partes	tu partirais
	il / elle est parti(e)	il / elle parte	il / elle partirait
partons	nous sommes parti(e)s	nous partions	nous partirions
partez	vous êtes parti(e)s	vous partiez	vous partiriez
	ils / elles sont parti(e)s	ils / elles partent	ils / elles partiraient

sortir	présent	imparfait	futur simple
	je sors	je sortais	je sortirai
	tu sors	tu sortais	tu sortiras
	il / elle sort	il / elle sortait	il / elle sortira
	nous sortons	nous sortions	nous sortirons
	vous sortez	vous sortiez	vous sortirez
	ils / elles sortent	ils / elles sortaient	ils / elles sortiront

impératif	passé composé	subjonctif présent	conditionnel présent
		Il faut que...	
	je suis sorti(e)	je sorte	je sortirais
sors	tu es sorti(e)	tu sortes	tu sortirais
	il / elle est sorti(e)	il / elle sorte	il / elle sortirait
sortons	nous sommes sorti(e)s	nous sortions	nous sortirions
sortez	vous êtes sorti(e)s	vous sortiez	vous sortiriez
	ils / elles sont sorti(e)s	ils / elles sortent	ils / elles sortiraient

tenir	présent	imparfait	futur simple
	je tiens	je tenais	je tiendrai
	tu tiens	tu tenais	tu tiendras
	il / elle tient	il / elle tenait	il / elle tiendra
	nous tenons	nous tenions	nous tiendrons
	vous tenez	vous teniez	vous tiendrez
	ils / elles tiennent	ils / elles tenaient	ils / elles tiendront

impératif	passé composé	subjonctif présent	conditionnel présent
		Il faut que...	
	j'ai tenu	je tienne	je tiendrais
tiens	tu as tenu	tu tiennes	tu tiendrais
	il / elle a tenu	il / elle tienne	il / elle tiendrait
tenons	nous avons tenu	nous tenions	nous tiendrions
tenez	vous avez tenu	vous teniez	vous tiendriez
	ils / elles ont tenu	ils / elles tiennent	ils / elles tiendraient

conduire	présent	imparfait	futur simple
	je conduis	je conduisais	je conduirai
	tu conduis	tu conduisais	tu conduiras
	il / elle conduit	il / elle conduisait	il / elle conduira
	nous conduisons	nous conduisions	nous conduirons
	vous conduisez	vous conduisiez	vous conduirez
	ils / elles conduisent	ils / elles conduisaient	ils / elles conduiront

Verbes du 3e groupe (suite du verbe « conduire »)

impératif	passé composé	subjonctif présent	conditionnel présent
		Il faut que...	
	j'ai conduit	je conduise	je conduirais
conduis	tu as conduit	tu conduises	tu conduirais
	il / elle a conduit	il / elle conduise	il / elle conduirait
conduisons	nous avons conduit	nous conduisions	nous conduirions
conduisez	vous avez conduit	vous conduisiez	vous conduiriez
	ils / elles ont conduit	ils / elles conduisent	ils / elles conduiraient

	présent	imparfait	futur simple
prendre	je prends	je prenais	je prendrai
	tu prends	tu prenais	tu prendras
	il / elle prend	il / elle prenait	il / elle prendra
	nous prenons	nous prenions	nous prendrons
	vous prenez	vous preniez	vous prendrez
	ils / elles prennent	ils / elles prenaient	ils / elles prendront

impératif	passé composé	subjonctif présent	conditionnel présent
		Il faut que...	
	j'ai pris	je prenne	je prendrais
prends	tu as pris	tu prennes	tu prendrais
	il / elle a pris	il / elle prenne	il / elle prendrait
prenons	nous avons pris	nous prenions	nous prendrions
prenez	vous avez pris	vous preniez	vous prendriez
	ils / elles ont pris	ils / elles prennent	ils / elles prendraient

	présent	imparfait	futur simple
mettre	je mets	je mettais	je mettrai
	tu mets	tu mettais	tu mettras
	il / elle met	il / elle mettait	il / elle mettra
	nous mettons	nous mettions	nous mettrons
	vous mettez	vous mettiez	vous mettrez
	ils / elles mettent	ils / elles mettaient	ils / elles mettront

impératif	passé composé	subjonctif présent	conditionnel présent
		Il faut que...	
	j'ai mis	je mette	je mettrais
mets	tu as mis	tu mettes	tu mettrais
	il / elle a mis	il / elle mette	il / elle mettrait
mettons	nous avons mis	nous mettions	nous mettrions
mettez	vous avez mis	vous mettiez	vous mettriez
	ils / elles ont mis	ils / elles mettent	ils / elles mettraient

	présent	imparfait	futur simple
dire	je dis	je disais	je dirai
	tu dis	tu disais	tu diras
	il / elle dit	il / elle disait	il / elle dira
	nous disons	nous disions	nous dirons
	vous dites	vous disiez	vous direz
	ils / elles disent	ils / elles disaient	ils / elles diront

Verbes du 3e groupe (suite du verbe « dire »)

impératif	passé composé	subjonctif présent *Il faut que...*	conditionnel présent
	j'ai dit	je dise	je dirais
dis	tu as dit	tu dises	tu dirais
	il / elle a dit	il / elle dise	il / elle dirait
disons	nous avons dit	nous disions	nous dirions
dites	vous avez dit	vous disiez	vous diriez
	ils / elles ont dit	ils / elles disent	ils / elles diraient

faire	présent	imparfait	futur simple
	je fais	je faisais	je ferai
	tu fais	tu faisais	tu feras
	il / elle fait	il / elle faisait	il / elle fera
	nous faisons	nous faisions	nous ferons
	vous faites	vous faisiez	vous ferez
	ils / elles font	ils / elles faisaient	ils / elles feront

impératif	passé composé	subjonctif présent *Il faut que...*	conditionnel présent
	j'ai fait	je fasse	je ferais
fais	tu as fait	tu fasses	tu ferais
	il / elle a fait	il / elle fasse	il / elle ferait
faisons	nous avons fait	nous fassions	nous ferions
faites	vous avez fait	vous fassiez	vous feriez
	ils / elles ont fait	ils / elles fassent	ils / elles feraient

Verbes irréguliers

être	présent	imparfait	futur simple
	je suis	j'étais	je serai
	tu es	tu étais	tu seras
	il / elle est	il / elle était	il / elle sera
	nous sommes	nous étions	nous serons
	vous êtes	vous étiez	vous serez
	ils / elles sont	ils / elles étaient	ils / elles seront

impératif	passé composé	subjonctif présent *Il faut que...*	conditionnel présent
	j'ai été	je sois	je serais
sois	tu as été	tu sois	tu serais
	il / elle a été	il / elle soit	il / elle serait
soyons	nous avons été	nous soyons	nous serions
soyez	vous avez été	vous soyez	vous seriez
	ils / elles ont été	ils / elles soient	ils / elles seraient

avoir	présent	imparfait	futur simple
	j'ai	j'avais	j'aurai
	tu as	tu avais	tu auras
	il / elle a	il / elle avait	il / elle aura
	nous avons	nous avions	nous aurons
	vous avez	vous aviez	vous aurez
	ils / elles ont	ils / elles avaient	ils / elles auront

précis grammatical

impératif	passé composé	subjonctif présent	conditionnel présent
		Il faut que...	
	j'ai eu	j'aie	j'aurais
aie	tu as eu	tu aies	tu aurais
	il / elle a eu	il / elle aie	il / elle aurait
ayons	nous avons eu	nous ayons	nous aurions
ayez	vous avez eu	vous ayez	vous auriez
	ils / elles ont eu	ils / elles aient	ils / elles auraient

	présent	imparfait	futur simple
aller	je vais	j'allais	j'irai
	tu vas	tu allais	tu iras
	il / elle va	il / elle allait	il / elle ira
	nous allons	nous allions	nous irons
	vous allez	vous alliez	vous irez
	ils / elles vont	ils / elles allaient	ils / elles iront

impératif	passé composé	subjonctif présent	conditionnel présent
		Il faut que...	
	je suis allé(e)	j'aille	j'irais
va	tu es allé(e)	tu ailles	tu irais
	il / elle est allé(e)	il / elle aille	il / elle irait
allons	nous sommes allé(e)s	nous allions	nous irions
allez	vous êtes allé(e)s	vous alliez	vous iriez
	ils / elles sont allé(e)s	ils / elles aillent	ils / elles iraient

	présent	imparfait	futur simple
venir	je viens	je venais	je viendrai
	tu viens	tu venais	tu viendras
	il / elle vient	il / elle venait	il / elle viendra
	nous venons	nous venions	nous viendrons
	vous venez	vous veniez	vous viendrez
	ils / elles viennent	ils / elles venaient	ils / elles viendront

impératif	passé composé	subjonctif présent	conditionnel présent
		Il faut que...	
	je suis venu(e)	je vienne	je viendrais
viens	tu es venu(e)	tu viennes	tu viendrais
	il / elle est venu(e)	il / elle vienne	il / elle viendrait
venons	nous sommes venu(e)s	nous venions	nous viendrions
venez	vous êtes venu(e)s	vous veniez	vous viendriez
	ils / elles sont venu(e)s	ils / elles viennent	ils / elles viendraient

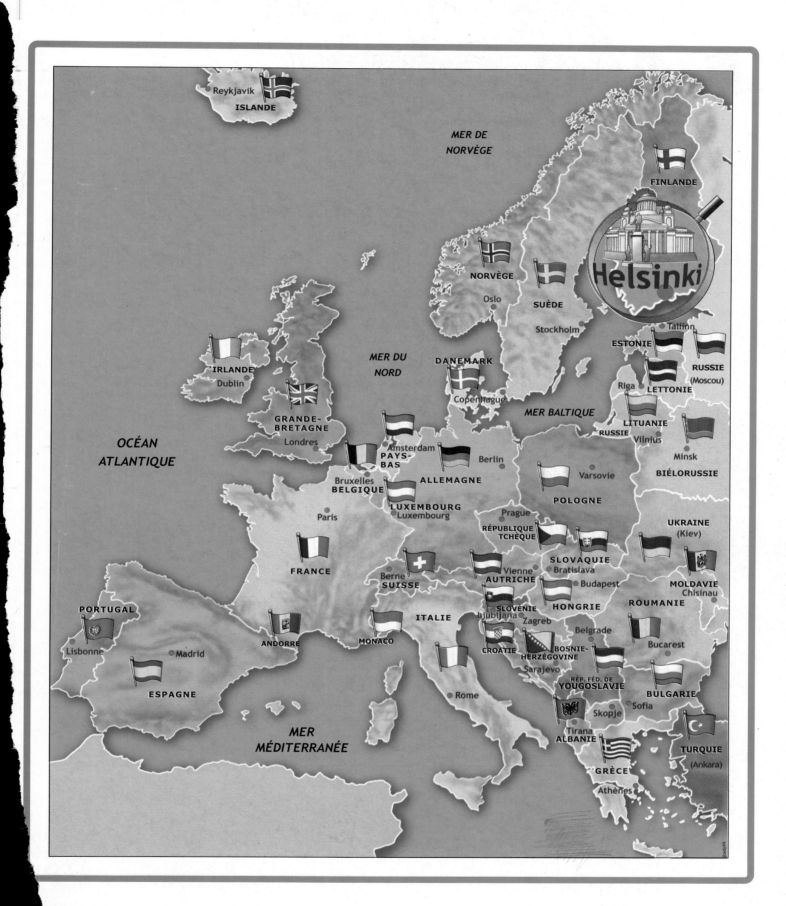

crédits photographiques

- 11 : (BM) Illustration de Luz © Actes Sud Junior - 11 : (HG) Avec l'aimable autorisation de IZB Productions
- 12 : (D) Hoa-Qui/P. Bertrand - 12 : (G) Gamma
- 14 : (D) Hoa-Qui/P. Bertrand - 14 : (G) Hoa-Qui/P. Bertrand
- 16 : Urba images/M. Castro
- 18 : SNCF-CAV
- 19 : Urba images/P. Gilbert
- 20 : Hoa-Qui/M. Renaudeau
- 24 : (D) Hoa-Qui/O. Jardon - 24 : (HG) Hoa-Qui/D. Repèrant - 24 : (MG) Urba images/P.E. Charon
- 25 : Urba images/M. Castro
- 30 : Hoa-Qui/P. Royer
- 31 : Fotogram-Stone images/J. Riley
- 37 : Hoa-Qui/M. Renaudeau
- 38 : Fotogram-Stone images/W.B. Blilenduke
- 42 : (BD) Sygma/B. Annebicque - 42 : (BG) Sygma/O. Baumgartner - 42 : (H) Sygma/O. Baumgartner
- 42 : (M) Hoa-Qui/P. Wang - 42 : (MD) Hoa-Qui/P. Roy - 42 : (MG) Sygma
- 43 (H) : Hoa-Qui/M. Renaudeau - 43 : (B) "L'agenda Le chat 98" de Geluck © Casterman
- 44 : Marco Polo/F. Bouillot
- 46 : Hoa-Qui/C. Valentin
- 48 : (B) Marco Polo/F. Bouillot - 48 : (H) Hoa-Qui/P. Roy - 48 : (M) ASK Images/C. Laurent
- 49 : Marco Polo/F. Bouillot
- 51 : (D) Urba images/F.M.J.C - 51 : (G) Hoa-Qui/Trea/Ruiz
- 54 : (B) Hoa-Qui/E. Valentin - 54 : (HG) Hoa-Qui/J. Hagenmuller - 54 : (MD) Altitude/Y. Arthus-Bertrand
- 54 : (MG) Hoa-Qui/X. Richer
- 55 : Hoa-Qui/C. Vaisse
- 61 : CIRIC/J.P. Pouteau
- 66 : Dessin de Noblet. D.R.
- 67 : CIRIC/J.P. Pouteau - 70 : Hanoteau Frédéric
- 72 : (B) Christophe L - 72 : (BD) © Interactive Magic/Ubi Soft - 72 : (BG) © Interplay - 72 : (H) CIRIC/P. Lissac
- 73 : Urba images/F. Vielcanet
- 74 : Hoa-Qui/Zefa-Benser
- 78 : Edimédia - 78 : (M) Dagli Orti
- 79 : (B) Christophe L - 79 : (H) Kharbine-Tapabor
- 85 : Secours Populaire Français/L. Pennec
- 86 : Sygma/L. Roux
- 87 : (B) CAT'S - 87 : (H) CAT'S
- 90 : (B) Gamma/Bassignac-Quidu - 90 : (H) Urba images/M. Castro
- 91 : Dessin de Georges Wolinski
- 96 : (B) O'Medias/C. Ravaute - 96 : (H) Secours Populaire Français/L. Pennec - 96 : (MD) Sipa Press/Deville
- 96 : (MG) Les Restaurants du Coeur
- 102 : (B) Fotogram-Stone images/M. Rosenfeld - 102 : (H) Gamma/A. Buu -

Si tu veux connaître "Mon Quotidien", le quotidien d'actualité des 10-15 ans, appelle le 01 53 01 23 60.
Tu recevras gratuitement 5 numéros.
www.monquotidien.com

N° de projet ; 10122475 Fevrier 2005
Imprimé par Vincenzo Bona S.p.A.